新卒時代を乗り切る！

教師1年目の教科書

A TEXTBOOK FOR NEW TEACHERS

野中信行

学陽書房

はじめに

　数年前、初任1年目の先生から悩み相談のメールをもらいました。
　そのメールには次のようなことが書かれていました。

「初めて連絡させていただきます。
小学校教員の初任者です。大学を卒業して教員になりました。
もう毎日が辛くて、辛くて……。
2年生を担任していますが、クラスが崩壊しています。
まわりに現状を伝え、相談をしています。解決策を考えて動いてくれてはいますが、私の心が何も追いついていません。
私がなめられているから、私の授業がいけないから、ルールが徹底されていないから、私自身がぶれているから……。全部、私が悪いのはわかります。でも、どうすればいいのかわかりません。」

　クラスが崩壊し、どんな手立てもうまくいかず、立ち往生している初任の先生の姿が浮かび上がってくるメールです。
　今、こんな状況に陥っている初任の先生は、珍しくありません。頻繁にある話で、1年目でやめてしまう先生も多くいます。なぜ、こんなことになるのでしょうか。

　初任の先生の1年目は、大変です。担任をするとなると、その大変さがさらに増していくことになります。4月から分刻みの生活です。自分が何をしているのかわからなくなるような忙しさに追われます。
　でも、ここでただただ、この状況に流されていくだけでは、メールをくれた初任の先生のようになってしまいます。
　では一体どうしたらいいのでしょうか。
　その多忙な1年目を何とか乗り切る方法を、この本にしっかり書きました。

担任をし、学級を動かしていくためには、きちんとした原理・原則があります。しかし、それは、ほとんど大学では教えてくれません。この本でぜひとも身につけてほしいという願いで書きました。

　私は、現役の頃から初任者コーディネーターとして初任者の担当をして、さまざまな対応をしてきました。退職してからも３年間、初任者指導をしました。今も、各地の教育委員会と連携して初任者指導の仕事をしています。

　この長い経験の中から、さまざまな学びを得ました。
　初任の先生が、最初に取り組むことは何か？
　初任の先生は、最初どんな授業をしていけばいいのか？
　初任の先生は、最初何につまずいてしまうのか？
　初任の先生は、どんなことに失敗してしまうのか？

　これらのつまずきや失敗などに対して、その処方箋を書いています。学期の最初をどう乗り越えていくのかも、その処方箋で明らかにしています。
　とにかく、初任の１年間を通過できれば、２年目からははるかに楽になります。なぜなら、仕事や学級経営の見通しが立つようになるからです。つまり、

１年目が勝負なのです！

　とにかく、とにかく、まずは１年目を乗り切っていくこと。初任１年目の先生を応援しているので、ぜひともがんばってほしいのです。

野中　信行

CONTENTS

序章　最初の1か月で身につけたい仕事のきほん

❶ まずはマネて、マネて、仕事を覚える ─── 10
❷ 教師の仕事はノート1冊にすべてまとめる ─── 12
❸ 教師の予定は手帳1冊にすべてまとめる ─── 14
❹ 提出物は満点でなく、50点でいい！ ─── 16
❺ 職員室の整った机や教室環境で信用を築く ─── 18
❻ 同僚の先生から信頼される「ASKの原則」 ─── 20
❼ 「お先に失礼します」が言える教師になる ─── 22

第1章　必ずやっておきたい新年度・新学期の準備

❶ 忙しい始業式は、まずこの5つを押さえよう ─── 26
❷ 学級づくりは「教室設営」と「子ども対応」から ─── 28
❸ 子どもの居場所の確保が教室設営の役割 ─── 30
❹ 子どもの名前は3日で覚えよう ─── 32
❺ 初任の先生がよくつまずく失敗を乗り切る！ ─── 34

ここだけは押さえたい
学級経営のコツ

❶ 返事・挨拶・後始末ができる子どもに育てよう ─── 38
❷ 朝の会・終わりの会は10分以内で！ ─── 40
❸ 給食当番の準備・片付けは素早く ─── 42
❹ きちんとした給食当番で学級崩壊を防ぐ ─── 44
❺ 素早く終わらせる掃除の方法とは？ ─── 46
❻ 1か月連絡帳チェックで忘れ物をゼロに ─── 48
❼ 全員参加の係・当番活動をつくる ─── 50
❽ 4月の「学級づくり」で1年間が決まる ─── 52
❾ 8割の子どもを味方にして、学級崩壊を防ぐ ─── 54
❿ クラスを支える「ルール」をつくろう ─── 56
⓫ 学校生活の一日を「見える化」する ─── 58
⓬ 「縦糸・横糸」張りで子どもたちと関係をつくる ─── 60
⓭ 「縦糸・横糸」張りで1学期末の点検をする！ ─── 62

新任でもできる 授業・指導のコツ

- ❶ 1時間の授業は意外に短い！　授業者の心得 —— 66
- ❷ 1時間の授業に単元の基礎・基本を入れる —— 68
- ❸ 子どもに話の聞き方を指導しよう —— 70
- ❹ 基本的な板書の技術を身につけよう —— 72
- ❺ 必ず学力が身につくノート指導 —— 74
- ❻ 学習ルールは授業始めに徹底しよう —— 76
- ❼ 指導言（発問・指示・説明）の区別をしよう —— 78
- ❽ 「おしゃべり授業」で子どもはやる気をなくす —— 80
- ❾ 指示の3原則で、脱！友だち先生 —— 82
- ❿ 効果絶大！　指示―確認の原則 —— 84
- ⓫ 「一時に一事」の原則を使えるようになろう —— 86
- ⓬ フォローこそが子どもたちのやる気を高める —— 88
- ⓭ 子ども全体が見える「視線」の鍛え方 —— 90
- ⓮ 授業は、スピード・テンポが重要！ —— 92
- ⓯ 通知表の所見は、まず「型」を覚える —— 94

クラスがまとまる 子どもとのコミュニケーション

1. ほめ方＆叱り方を身につけよう ── 98
2. 子どもとの距離の取り方が大きなポイント ── 100
3. ５段階でトラブルを解決する ── 102
4. いじめを防ぐとっておきの方法！ ── 104
5. 問題がある子どもへの対応 ── 106

 ## 新任だからできる 保護者とのかかわり方

1. 日頃の電話＆連絡帳で保護者を味方に！ ── 110
2. 最初の授業参観が保護者との関係を決める ── 112
3. 挫折しない学級通信の続け方 ── 114
4. どの親もわが子が一番 ── 116
5. モンスターペアレントにさせない関係づくり ── 118
6. 学級経営をうまく行うのが最大の保護者対応 ── 120

序章

最初の1か月で身につけたい仕事のきほん

STEP 1

まずはマネて、マネて、仕事を覚える

「教師になる」ためには、まず態度づくりから

　誰でも「こんな教師になりたい！」と夢や希望を持って教師になります。しかし、教師生活をうまく進められるかどうかは、ある「決め手」にかかっています。それは、どんなことだと思いますか。

> **それは、考え方です！**

　「どんな教師になりたいか」という、その人の「考え方」が「なりたい教師」の可能性を広げます。今は、そのおぼろげな「考え方」も、学校現場に立ってきちんと確立していけばいいのです。
　でも、ときどき、初任の先生で勘違いをする人がいます。
　最初から自分の夢を実現したいために、しゃかりきになって行動してしまうのです。でも、現実は甘くありません。頭の中で描いた夢や希望は、そんなに簡単に実現しません。
　むしろ、その現実に大きく挫折して、教師をやめていく人が数多くいるのです。
　まず、最初は、「現実」にしっかりと足場を構えなければなりません。そのために初任の教師は何をしたらよいのでしょうか。

> **本当の意味で教師になるということ。**

　自分ではしっかり教師をしているつもりでも、ただ漠然と考えているだけの場合もあります。

　学校に赴任し、担任をすれば、「必ずしも教師になれる」わけではないのです。「本当の意味で教師になる」ためには、そのための準備が必要です。

　それは、**「教師としての態度づくり」**です。

最初の10年は、モノマネの期間

　「えっ、マネしていいんですか？」と問い返した初任者がいました。これには、こちらが反対にびっくりしてしまいました。マネをしてはいけないと、初任者が思い込んでいたことがわかったからです。

　「学ぶ」の語源は、「真似ぶ」です。「学ぶ」ためには、「真似をすること」がまず必要なのです。

　初任の先生は、何もかも未経験で、蓄積した技術を持っているわけではありません。**だから、とりあえず、見よう見まねで、マネをすることから始めなければなりません。**マネをすることはいっぱいあります。

　仕事のやり方は、周りの先生をマネること。

　授業のやり方は、指導者の先生から学ぶこと。

　本から学ぶこと。研究会で学ぶこと………。

　教師生活の最初の10年間は、マネして、マネして、うまくいったものを自分の中に取り入れていけばいいのです。

　その10年間は、いわゆる「モノマネ」の期間なのです。それを終えてから、やっと「自分なりの教師像をつくり上げる10年間」がやってきます。

STEP 2

教師の仕事は ノート1冊にすべてまとめる

できる教師は、仕事をノート1冊にまとめている！

　初任の先生は、仕事を始めて何に一番戸惑うのでしょうか。それは、

> 提出文書の多さと行事の多さです！

　朝の職員室で、各担当の先生たちからの伝達事項は、提出文書についてのことや、新年度の行事での約束事です。
　それを、どのように自分なりに処理していくかが問われるのです。
　最初に初任者がぶつかるハードルは、この仕事のさばき方ややり方になります。
　私はたくさんの初任者研修で指導をしてきましたが、仕事ができる教師は「仕事内容をノート1冊にまとめる」ということをやっていました。ノートさえ見れば、仕事がすべてわかるのです。

ノートにすべてをメモする

　では、実際にノートにはどのように書いていけばよいのでしょうか。

提案	提出、取り組むこと
4/2（月）朝礼 ● 高学年の委員長は、多目的室に昼休み集合 ● 男女別の人数を事務まで提出 ● 運動会の応援団を編成しておく	● 4/11までに提出 ● 4/20までに応援団を5人選ぶ

　ノートに、このように線を引いて、他の先生方から提案される事項を全部書きます（全部ですよ）。
　「自分に必要なことだけ書くようにしよう」とならないこと。そうすると、漏れることが出てくるのです。慣れるまでは大変かもしれませんが、伝達事項を全部メモする習慣をつけることが大事です。

文書はファイルで管理しよう

　ほとんどの初任の先生が、渡される文書を机の中にしまい込むか、机の上に積んでいます。これをしたら、必要なときにわからなくなります。文書管理は大切ですので、とりあえず、次のようにします。

- 2つのファイルを用意します。1つは、配付文書を綴じ込みます。もう1つは、提出文書を綴じ込みます。
- 配付文書ファイルは、だんだん枚数が増えてきたら項目別（行事文書、学年関係文書など）に分けていきます。

STEP 3

教師の予定は
手帳1冊にすべてまとめる

手帳活用術を身につける

　私は担任として37年間教師生活を送りました。その結果としてはっきり言えるのは、次のことになります。

> 手帳がなければ、教師の仕事はスムーズに進められない。

　教師の仕事は忙しいのです。学生の生活とは比べることができないほどに分刻みの生活が強いられます。その生活を律していくためには、計画的、継続的に進めていく必要があります。

今日のスケジュール　　　　　　　　　　　　　　　2019年3月1日（金）

	事　項	完了	時　程	予　定	いつ行うか
1	一覧表提出	✓	6:00		
2	職員会議提案をまとめる（とじ込み）	✓	7:00		
3	卒業式練習　5・6校時	✓	8:20		
4	学年音楽　1時間目連絡	✓	8:30		6
5	ダンスクラブ発表中休み	✓	1	㊎学年全体の音楽	4
6	プラゴミについての注意	✓	2	㊍調理実習	2、11
7	生活リズム表配付	✓	中休み		1、5
8	㊊習字の時間連絡	✓	3	↓	9
9	重点研（全）段取り	✓	4		
10	○○への連絡をする	✓	給食 そうじ 昼休み		10
11	歴史人物テストの答え　○○先生へ	✓	5	卒業式練習	3
12			2:50	↓	
13			3:30		7、8
14			4:30		
	〈学校反省〉		5:00		
			7:00		
			8:00		
			10:00		
			10:30		

14

それを支えてくれるのは、手帳の存在です。手帳を使いこなさなければ、担任として過ごしていくことは難しいのです。

予定と仕事状況がわかる手作りの手帳

　さて、私はどんな手帳を使っていたのでしょうか。左のようなto doリストをノートに貼り付けて、手作り手帳を使っていました。こうすることで予定と仕事が終わっているかどうかが一目でわかります。使い方は以下のとおりです。
　①作成するのは、前日の帰宅する前。
　②翌日行う項目をすべて書き上げる。途中で付け加えも出てくる。
　③いつ行うかは、右側に欄を設け、番号で書く。
　④その日の予定は、教科と内容を書き込む。

1、2か月先の予定まで先取りしよう！

　この手帳には、一番最初のページに、その月の予定表が貼られています。そして、この日付が書かれた1枚ずつをまとめています。1、2か月分ぐらい先までつくっておきます。
　それは、しばしば提出するアンケートなどがあるからです。この提出を初任者はよく忘れてしまいます。だから、この手帳に、調査する日にちと提出締め切りを書いておきます。また、重要な事項も、記入しておきます。
　手帳は常に、携帯して持ち歩きます。そして気づいたことは、さっと下のところの「学校反省」にメモします。
　・子どもに注意すること
　・学年の先生たちに伝えること
　・管理職に伝えること……など
　このように活用しながら、常に手帳とともに生活していました。
　早く手帳術を身につけることは、教師にとって必須のことです。

STEP 4

提出物は満点でなく、50点でいい！

「あとでいいや」とあとまわしにしない

　始業式の次の日から未曾有の日々が始まります。それは今まで経験したことがない「忙しさ」のはずです。担任を持つ先生は、分刻みの生活になります。トイレに行く時間さえもとれないほどなのです。

　序章２でも紹介したとおり、各先生たちから伝えられることや渡される文書の数が多いため、初任者は大混乱してしまいがちです。

　その中でもここでは、提出物をどう処理していくかについて紹介します。提出物で一番注意すべきは、次のことです。

> 「あとでやればいいや」としまい込まない！

　とくに整理整頓が苦手な先生は、どこにしまったかを必ず忘れます。そうすると当然、締め切りまでに提出できません。催促を受けます。

　たびたび続くと、「あの初任はだらしない先生！」とまわりの先生からレッテルを貼られるようになります。

　ではこうならないためにも、どういう注意をすればいいのでしょうか。

提出物は50点でいい！

　初任の先生は、「提出物を完ペキに仕上げなくては！」と力みがちですが、実際はそんなに多くを期待されていません。ましてや初任の先生などに期待した回答を要求しません。何より締め切りまでにきちんと出してくれればいいのです。

　しかし、初任の先生は、きちんと書かなくてはいけないと思い込み、あとで時間のあるときにしようと机の中にしまい込んでしまいます。

　提出文書は次から次へといっぱいきます。とくに、学期始めが多いのです。これでは失敗してしまいます。そこで、2つのことを行うようにすると、提出物を忘れずにすむでしょう。

> ①もらったその日のうちに書けるものは書いて提出する。

　初任の先生はすばらしいことや格好いいことを書く必要はありません。思ったことをそのまま簡単に書きます。100点満点を目指すのではなく、50点の内容でいいのです。そして、少しでも早く提出する。

　その日のうちに、できるだけ提出するようにします。でも、ときにはすぐに提出できないものもあります。

　それは、子どもたちへのアンケート調査などに関する文書になります。これは長期的に時間をかけて行うものなので、しまい込むと忘れてしまいます。これには、手帳が必要です。序章3でも紹介しましたが、大切なのは次のことです。

> ②手帳に、調査する日と締め切り日の両方をきちんと書いておく。

　手帳がきちんと使えなければ、うまく教師生活をおくることはできません。いつも手帳を見るようにし、締め切りを守るようにします。

　このように、初任者は提出物を早く出し、また締め切り日を厳守することで、周囲からの信頼を築いていきます。

STEP 5

職員室の整った机や教室環境で信用を築く

〈公〉と〈私〉をきちんと区別する

　学校の中のすべての場所は、〈公〉的な場所。学校のすべての物は、〈公〉的な物。職員室の机も、教室の机も、〈公〉的なもので、〈私〉的なものではありません。

　この当たり前のことが、わかっていない先生がいます。

　前の先生の顔が見えないぐらいに書類を積み上げたり、本箱にぎっしりと本を詰め込んだりしている先生。栄養ドリンクの飲みかけの瓶が置きっぱなしだったり、醤油瓶がそのままになっていたりする先生の机。テストの丸付けができないぐらいに書類がたまっている先生。

　この先生たちは、〈公〉と〈私〉の区別をしようという意識が希薄です。今では、管理職さえも、このようなことを注意することがなくなっています。困ったことです。

　自分の家の部屋は、〈私〉の場所であるので、どのように散乱していてもかまいません。**しかし、〈公〉的な場所は、たとえ自分の机だとしても、きちんと片付けておくのが公務員として最低限のマナーです。**

　この基本的なマナーを守れない先生がいるのです。

自分の机を片付けることから始めよう

　初任の時代に身につけておくべきは、次のことになります。

> **職員室や教室の自分の机をきちんと片付けること。**

　ここを意識することから始めるのです。
　まわりの先生たちの信頼は、ここでぐっと増していくはずです。とくに、整理整頓が苦手な人は、気をつけ、次のことを意識します。

> ①「整理」は捨てること。
> ②「整頓」は元に戻すこと。

　配付される文書は、1年間は項目別にファイルにまとめます。
　そして、年度が終わったら必要がないものはどんどん処分すること。これが「整理」です。職員室の机にどんどん積み重ねていかないことです。
　使ったものは、必ず元の場所へ戻すこと。書類がすぐに見つかるようにまとめておくこと。教室をこざっぱりと片付けておくためには、次のものを準備すればいいでしょう。

> **子どもからの提出物はカゴにまとめていくこと。**

　100円ショップでまとめて買ってきて、次々にカゴにまとめていくこと。なぜなら、さまざまなドリル・スキル、書写ノート、連絡帳、宿題などの子どもからの提出物が数多くあり、これが片付いていないと教室全体が散らかりやすくなるからです。これを机の上に放置しないでカゴに入れるだけできちんと整頓できるのです。
　他にも子どもが帰ったあとの机や椅子の整頓や、掲示物のはがれがないかをチェックするなどすることで、いつでもキレイな教室をキープできるでしょう。

STEP 6

同僚の先生から信頼される 「ASKの原則」

同僚の先生とも積極的にかかわっていこう

　初任の先生は、まわりの先生からの助けがなければうまく進められません。そもそもこのことがわかっていない先生がいます。誰かに相談をするというのがなかなかうまくできないのです。自分で勝手に進めて、「あの初任は、なまいきね！」と思われたら、うまくやっていけなくなります。

　初任の先生が1年目につまずくことは、数多くありますが、その1つが**「同僚の先生たちとのかかわり方」**にあります。どのように同僚の先生たちとかかわりをもっていけばいいか、わからないのです。

　それについては、**「ASKの原則」**を身につけることを提起しています。

> A…明るく元気に振る舞うこと。
> S…修正する力を身につけること。
> K…確認を1つひとつしながら進むこと。

　この原則は、初任の先生がどのように同僚の先生から見られているかという立場で考えたものです。ポイントになるのが、この3つです。

A (明るく元気に振る舞うこと)

　まずは、元気に先生たちに挨拶をします。自分から先に挨拶するよう

にします。この明るさを同僚の先生たちは、好意的に受け止めます。そして、「初任の先生をいろいろ助けてあげなくちゃ！」と助けてもらえることが増えます。さらに、この明るさは、教室でも役立ちます。

　子どもたちは、元気で明るい先生が大好きなので、そうした雰囲気があるだけで自然と寄ってくるでしょう。

S（修正する力を身につけること）

　実は、これが一番難しいのです。

　初任の先生にとって、失敗や間違いはつきもの。もし失敗したとしてもそのときは、素直に謝ればいいのです。謝るというのは初任の先生の特権です。しかし、大事なのはここから。管理職や同僚の先生たちから注意を受けます。それをどう修正していくかが問われるわけです。

　繰り返し繰り返し同じことを注意されるのは避けなければいけません。信頼を損ないます。

　そこで、失敗や間違いを修正する際に、こういう言葉が言えるようになると、さらにアドバイスがもらえるでしょう。

　「先生、このように修正してみましたが、どうでしょうか？」

　「先生、指摘されたことがどうしてもうまくいきません。もう少しがんばってみますが、もし不十分なところがあれば教えていただけますか？」

K（確認を1つひとつしながら進むこと）

　学校は、行事と締め切りの文書と、会議、研究会にあふれています。これを1つひとつ乗り切っていくのは大変なこと。でも、いい加減に対応していくと、一気に信頼を失います。

　文書を締め切りまでにきちんと提出すること。会議や研究会に遅れないこと。こういう習慣を1年目に身につけていかなければなりません。

　だから、1つひとつなのです。わからないこと、はっきりしないことは遠慮しないで、「これはどうすればいいですか？」と聞くことです。

STEP 7

「お先に失礼します」が言える教師になる

初任の先生でも夜10時帰宅!?

　学生時代にはゆっくりした時間が流れていたのに、教師になったとたんに多忙な生活が始まります。「この忙しさは、想像を超えます」と初任の先生たちは話してくれます。

　教師の仕事が忙しいのは、子ども相手の仕事だからです。いつも、授業をする傍ら、子どもにかかわっていなければなりません。それが忙しさを生み出します。

　しかし、まだ仕事のやりくりがうまくできない1年目の初任の先生たちが忙しさに追われると、どんなことになるのでしょうか。

　初任者指導をしてきた経験から書いてみましょう。

> ①いつも帰りは、夜8時、9時になる。
> ②土日も学校に出勤して、仕事をする。
> ③睡眠不足になる。
> ④栄養不足になる。
> ⑤風邪をよく引き、熱を出して学校を休む。

　仕事の段取りがわからないので、ついつい仕事が遅くなってしまいます。ドリル・スキル、ノートの丸付け、明日の授業準備など仕事はうずたかく積まれていきます。

だから、帰りが夜8時、9時になってしまいます。また、早く帰りたくても、まわりの先生たちが残っているので、それに付き合って残っていることもあります。

　だから、家に帰り着くのは、夜の10時、11時。すると、コンビニしか開いていません。一人暮らしの初任の先生は、遅い夕食がコンビニ食になります。栄養が偏るのは当たり前。栄養失調にもなりかねません。そのために、よく風邪を引いてしまうのです。

仕事は7時までに終わらせる

　こういう生活からできる限り早く脱却していくことが必要です。
　そこでまず、初任の先生がやるべきは、次のようなことです。

> **①できる限り仕事を早く終わらせて、帰宅を早めること。**
> **②最低限度の睡眠を確保すること。**

　学校も、「働き方改革」で大きく変わろうとしています。この改革は、初任の先生たちにとっては、チャンスなのです。まわりの先生たちに遠慮することなく、仕事が終わり次第「お先に失礼します」と言って、帰ることができるようになってきたのです。
　学校では、遅くまで仕事をしている先生たちを真面目な先生として尊重していく風潮がありました。そういうことが今問い直されているのです。

> **仕事は7時までに終わらせる。**

　私が現場にいた頃、初任者コーディネーターとして初任の先生に声かけしてきたことは以上のことです。
　仕事はしようと思ったら、それこそ限りなく出てきます。しかし、初任者は基本のいくつかの仕事を押さえればいいのです。健康管理もまた大切な仕事の1つです。

第 **1** 章

必ずやっておきたい新年度・新学期の準備

STEP 1

忙しい始業式は、まずこの5つを押さえよう

始業式の前日までにやること

　子どもたちと初めて出会う始業式の日。ものすごく緊張する1日になります。緊張してやることを忘れないためにも、きちんと準備して臨まなくてはなりません。以下の5つを準備しておきましょう。

> ①自己紹介（着任式で全体に挨拶をする）。
> ②クラスごとになったときの簡単な挨拶を考えておく。
> ③学級名簿の確認（呼名をして、出欠席を取る）。
> ④配付するプリントを確認（学校だよりなど）。
> ⑤明日のことの連絡（持ち物などの準備など）。

　これらは前日までに準備しておくことです。③、④、⑤については、学年主任の先生と相談しておくことも大事です。

教室で行う5つのこと

　始業式後にはいよいよ教室へ行きます。子どもたちは、指定された机に座っています（前日に出席番号順に名前を貼っておく）。そこで教師は次のことを行います。

①黒板に名前を書いて、簡単な自己紹介。
②名前を呼んで、出席を取る。
③明日のことを連絡する。
④プリントを配付する。
⑤さようなら（時間があれば挨拶をしたあとに、じゃんけんゲームで勝った子どもから帰るようにすればいい）。

子どもたちとの出会いで、押さえておきたい5つのこと

1日目での子どもたちとの出会いは、とても重要です。最初の第一印象はこれからの学級のことを決定していきます。いいクラスにしていくためにも、どんなことに注意すべきか、それが次の5つです。

①笑顔で子どもたちへ語りかけること。
②子どもたち全体の顔を見て、話しかけること。
③教師として毅然とした態度でいること。
④子どもたちの名前は事前にきちんと確認しておくこと。
⑤明日の予定や持ち物を伝えること。

①、②、③は難しいので、すぐにはきちんとできません。

①の笑顔は、事前に鏡を見て練習を繰り返さなくてはなりません。教師の笑顔が、どれだけ子どもたちを安心させ、「先生と一緒にがんばろう」という気持ちを引き出していくか、そのうちにわかってきます。

③の「毅然とする」ということも、意識するようにしましょう。これからこういう姿勢で子どもたちに接すること。最初は、「自分は教師なのだ！」という気持ちを常に忘れないで行動すること。最初が肝心なのです。

STEP 2

学級づくりは「教室設営」と「子ども対応」から

2日目から「学級づくり」は始まる

　始業式が終わって、2日目からいよいよ本格的な「学級づくり」が始まります。うまくスタートを切ることが、最も重要なことです。まず最初に、何をするか。それは「教室設営」と「子ども対応」です。

　この2つがすぐに学級づくりで必要になるはずです。初任の先生は、ていねいに子どもたちの声に耳を傾けなければなりません。子どもたち一人ひとりに寄り添っていかなければならないのです。

教室設営では、子どもたちの居場所をつくろう

　まず、大切なことは教室を「子どもたちが安心できる居場所確保の空間」として考えていくことです。子どもたちに「教室に自分の居場所がある！」と安心感を持たせるために、次の3つのことをします。

①座席を名前順に並べておくこと。
　担任が名前を覚えるまでの暫定的な処置です。

②机、黒板の点検をする。
　机のグラグラや椅子との不釣り合いなものは修理、点検をしなければいけません。黒板消しが古くなっていたら、変えること。チョークもき

ちんと揃えることが大切です。

③**靴箱、ロッカー、廊下のフックに、番号をつける。**
　子どもたちの靴やランドセル、体操服などがきちんと置けるところが確保されていることです。

子ども対応では、「教師」をしよう

　子どもへの対応は、2つのことに気をつけます。

①**教師として毅然として対応すること。**
　第1章1でも書き、繰り返しになりますが、それぐらい初任の先生に何度でも伝えたいことです。初任の先生には、力量がありません。当たり前のことです。それでも、他のクラスの先生と同じようにやっていかなければなりません。これが技術的にも精神的にもとても厳しいのです。すぐにうまくできるようにはなりません。
　でも、たった1つだけ、初任の先生でもすぐにできることがあります。**それは、「教師をする」ということ。**これができていれば、初任の先生でも、子どもたちは、教師として接してくれます。くわしくは、第1章5をご覧ください。

②**子どもたち一人ひとりを名前で呼んであげること。**
　できるだけ早く、子どもの顔を見て名前で呼んであげることが大切です。それだけで、子どもとは打ちとけた関係をつくることができます。
　これについても、第1章4でくわしく紹介しましょう。

STEP 3

子どもの居場所の確保が教室設営の役割

まず、子どもが安心できる教室設営をすること

　子どもたちが、安心して教室へ来ることができるようにするのが、担任の最初の目標です。そのためには、2つの課題を克服しなければなりません。

> **1つ目は、子どもの居場所を確保すること。**
> **2つ目は、教室に安心できる雰囲気をつくること。**

　担任教師は、居場所をきちんと確保してあげることについて意外と無頓着になっていることがあります。新年度「最初は、好きなところに座りなさい」「ロッカーも、好きなところを使っておきなさい」と指示してしまうことがよくあります。

　しかし、これでは子どもたちは、不安になります。ただでさえ、「新しいクラスでちゃんとやっていけるかな」と不安になっているのに、その不安を増幅させます。

　こんなときいつも言うのですが、「大学へ入学したときのことを思い出してほしい」と。最初自分の机がなくて、講義の間にどこにいればいいのか戸惑いを覚えたり、自分の身の置き所がないという不安を覚えたはずです。

それと同じことが、子どもたちにも起こるのです。だから、最初の課題は、まず子どもたちの居場所をきちんと確保してあげることが必要になります。

居場所確保としての教室設営

始業式の前に教室設営でやっておくべきことがあります。

①**机を名前順で並べておくこと。**

子どもたちの居場所を確保するためには、絶対に必要なことです。

名前順の机は、名前を早く覚えるためにも必要なこと（第1章4を参照）ですが、その後はできるだけ早く、席替えをしていくことです。

気をつけなくてはならないのは、机と椅子が合っているかどうか、グラグラしないかを確かめることです。

②**ロッカーや廊下のフック、靴箱には、必ず名前や番号をつけること（番号だけでもいい）。**

名前や番号をつけるときに、いちいちシールを貼っている場合がありますが、はがすときに大変になります。ビニールテープをさっと貼り付けて、その上に番号などを書いていけば簡単です。

はがすときも、簡単にさっとはがすことができます。以上のことを最低限始業式の前にすませておけば、子どもたちの居場所確保はできます。

自分が入れる靴箱があり、自分が座る机があり、自分の荷物を入れるロッカーがある。まずはここから。こんな当たり前のところから子どもたちが安心できる教室環境づくりは始まります。

STEP 4

子どもの名前は3日で覚えよう

3日で名前を覚えることは鉄則である！

　子どもの名前は3日で覚えなくてはなりません。これは鉄則です。どのようにして覚えるかは、次のような手順で行うとよいでしょう。

> ①机を名前順に並べる。
> ②まず、名前順にすらすら言えるように暗唱する。
> ③呼名で、一人ひとり名前を読み上げながら、顔と一致させる。
> ④名前を呼んで、顔が浮かんでくるかどうか確かめる。
> ⑤授業中、休み時間などに名前を呼んで、確かめる。

　一度にその子の名前を覚えようとしないことです。
　まず、②を行うこと。名前順に並べた机を思い浮かべて、一人ずつ名前を覚えていくことです。何度も、何度も、覚え続けること。紙に書いて、覚えることです。これはそんなに難しいことではありません。
　問題は、③です。慣れていないと呼名するだけで、顔と名前の一致ができません。
　そこで、④の作業が必要になります。その日の放課後に、名前を読み上げて子どもの顔が浮かび上がってくるか確かめること。浮かび上がらない子どもは、翌日注目して呼名をすることになります。

できる限り名前を呼ぼう

　子どもに声をかけるときには、できる限り名前を呼んであげること。**担任の先生からすぐに名前で呼ばれるといううれしさは子どもにとって格別なのです。**

　「もう先生に、自分の名前を覚えてもらってる！」といううれしさ。

　これだけでも、子どもとの「通じ合い」ができるようになっていきます。

　「通じ合い」（「横糸を張る」と言います。第2章12を参照）の第一歩は、ここからなのです。

子どものほうから名前を言わせる

　それでも、なかなか顔と名前が一致しない場合が出てきます。そんな場合には、次のように子どもたちにお願いすればいいのです。

　「先生はみんなの名前を早く覚えようとしています。一人ひとりを名前で呼んであげたいからです。それでも全員の名前を覚えるのはなかなか大変です。だから、できるだけ先生に話しかけてきて、『〇〇ですけど』と最初に名前を伝えてください。お願いします。そうすると覚えやすくなります」と。

　名前を覚えることは大切です。ちょっと余裕ができたら、隣のクラスの子どもたちの名前も覚えてしまいましょう。そうすると、自分のクラスだけでなく学年全体の子どもたちから「先生」として受け入れてもらえます。

　隣の先生に全員が写っている写真をもらって、職員室の机に貼り付けておきます。覚えた子どもにはチェックを入れていきます。

STEP 5

初任の先生がよくつまずく失敗を乗り切る！

▲▲▲▲▲▲▲▲▲▲▲▲▲▲▲▲▲

クラスがうまくいかなくなる原因とは？

　初任の先生は、失敗して、クラスがうまくいかなくなる場合がよくあります。初任の先生は、なぜうまくいかないのかわかりませんが、きちんと原因があるのです。これは多くの初任の先生に共通する原因です。

仲良し友だち先生になろうとすること。

　最初、話をするとき、30人以上の子どもたちにじっと見つめられます。初任の先生はこういう経験が少ないのでどぎまぎします。
　そして、「早く子どもたちの中に入って、仲良くしなきゃ！」という気持ちになります。とても自然な発想ですが、こういう発想はとても危険です。最初のうちは子どもたちは歓迎します。「うわあ、今度の初任の先生は、ぼくたちと仲良くしてくれてうれしいなあ！」と。
　でも、慣れてきたら、数人の超やんちゃな子たちが、ルール破りをし始めます。先生のことを友だちだと思っているので、規律に対してルーズになるのです。当然、叱らなければなりません。そこで、授業中も休み時間もしょっちゅう叱ることになります。
　でも、本気で叱っても効き目はありません。今まで友だちとして付き合っていたからです。反対に、その数人の超やんちゃな子たちは、反発を始めます。「なんだよ〜〜。最初は友だちみたいにやさしくしていた

けど、今はしょっちゅう叱るようになってよ……」と。この状態が表れるようになるのは、ちょうど6月頃になります。

クラスでは、やんちゃな子が7、8人に膨れ上がっていて、まともに授業ができなくなっています。

「教師をすること」を意識する

子どもたちと友だちみたいな付き合い方をしてはいけないのです。でも、子どもたちから嫌われたくないという気持ちが先走り、そのような付き合い方をしてしまいます。それが失敗につながってしまうのです。どうしたらいいでしょうか。

> 毅然とした態度で教師をすること。

当たり前のことですが、子どもたちと友だちとして付き合ってはいけないのです。子どもたちの前では、きちんと「教師をすること」が大事です。「教師」をすれば、子どもたちも「教師」として接してくれるようになります。

教師として対応すること

「教師」として対応をするとは、どうすることでしょうか。さまざまな対応がありますが、最初は、以下の2つを守っていけばいいのです。

> ①授業中と休み時間の区別をつけること。
> ②叱るときは、真剣に叱ること。

授業中は、「さん」「くん」をつけて子どもの名前を呼ぶこと。休み時間はがらりと変えて、あだ名で呼んでみてもいいのです。また叱るときは、口先だけで叱らないことです（第4章1参照）。

第2章 ここだけは押さえたい学級経営のコツ

STEP 1

返事・挨拶・後始末が できる子どもに育てよう

しつけは3つのことを教えること

　京都大学出身の教育学者として有名な先生に、森信三先生がいらっしゃいます。森先生は、しつけで3つのことができるようになれば、あとは自然とできるようになるとおっしゃっています（『一語千鈞』寺田一清編、致知出版社）。

　それは以下の3つです。

> ①「はい」とはっきり返事ができる子どもにすること。
> ②挨拶ができる子どもにすること。
> ③席を立ったら必ず椅子を入れ、履物を脱いだら必ず揃える子どもにすること。

　日本全国で多くの先生が実践されて、そのとおりだと実感されたしつけなのです。これはしつけの芯になります。芯ができていなければ、それ以上のことはできないのです。

返事ができる子どもを育てる

　最初は、呼名をして返事をさせます。1週間ぐらいは子どもも続けられます。

ところが、それからさっぱり教師は子どもの名前を呼ばなくなります。なぜなら、名前を覚えてしまっていちいち名前を呼ぶ必要がなくなるからです。すると子どもたちは、返事をする機会がなくなります。それを防ぐためには、とにかく返事をする機会を数多くつくる必要があります。
　1つ目は、授業中名前を呼んで指名をすること。2つ目は、テストを返すときに、一人ずつ名前を呼んで返すようにすること。いずれも、「はい」と返事をさせることです。

挨拶ができる子どもを育てる

　「大きな声で挨拶をしましょう」と口先だけの呼びかけでは、決して子どもたちは挨拶をするようにはなりません。
　そこで大切なのは、2つのこと。
　1つ目は、教師自ら進んで挨拶をすること。教師がお手本を示すことによって、子どもはマネすることができます。
　2つ目は、学級の目標として取り組むこと（第2章10参照）。これも単なる目標にしないことが大切です。

後始末ができる子どもを育てる

　靴の入れ方をきちんと指導します。具体的には、朝の会のあとに靴箱の前に連れて行き、クラス全員に正しい靴の入れ方を実際に見せて教えるようにします。
　そして、次の日の朝から、教室に行くときに靴箱の前を毎日通るようにしましょう。なぜなら、靴の入れ方がキレイな子どもがだんだんと増えていくのを見ることができるからです。こうしたよいところは、朝の会でほめることもできます。
　また、「席を立つとき、椅子を入れる」というのは、これも学級の目標として取り組めばいいのです。

STEP 2

朝の会・終わりの会は 10分以内で！

朝の会、終わりの会で大切なこと

　朝の会と終わりの会の司会は、日直がします。進め方のマニュアルをつくって、早く司会者（日直）が自分たち（2名）で司会ができるようにしなければなりません。この日直が、クラスの一日を動かしていくのです。
　実はこれはとても大事なことで、いつまでも教師の指示がなければ動けない子ども集団では困るからです。朝の会・終わりの会で大切なことは、次のことになります。

> ①朝の会は、1時間目に食い込まないようにする。
> ②朝の会も終わりの会も必ず10分以内に終わるようにプログラム化する。
> ③終わりの会は、絶対に長く延びることがないようにする。

　初任の先生は、3つともできないことが多々あります。
　①の1時間目への食い込みは、中学校ではありえないわけですが、小学校では日常化します。
　初任の先生の場合、4月当初は仕方ありません。時間の使い方がうまくいかないからです。でも、5月からは、きちんと10分以内で終わるように流れをつくること。
　③の終わりの会の延長も、日常化する場合があります。ひどいクラス

になると30分にもなります。流れが悪いのです。やりたいことがたくさんあったとしても、必要最低限のものに絞ること。

朝の会、終わりの会の進め方

私の場合、朝の会・終わりの会で何をやっていたのでしょうか。

> 朝の会
> ①欠席確認　　　　　　②委員会の仕事（高学年）
> ③宿題忘れ調べ　　　　④今日の予定（先生より）

> 終わりの会
> ①明日の予定（先生より）　②目標チェック
> ③宿題チェック　　　　④帰りの仕事　白衣チェック（金曜日）
> ⑤当番チェック　　　　⑥さようなら

朝の会のマニュアルです。

「今から朝の会を始めます。欠席の確認をお願いします。（1班から班長が『1班です。欠席はありません』『2班です。〇〇さんがお休みです』……と報告する）。

次に、委員会の仕事を確認します。飼育委員会の〇〇さん、お願いします。（『はい』と返事）。

宿題忘れ調べをします。忘れた人は、名前カード（名前カードを事前につくっておく）を出しに来てください（宿題を出したときは、教師の机の上の名前表に〇をつけることになっている。その表を見ながら、宿題忘れ当番が〇をつけていない人を発表する）。

先生、今日の予定をお願いします」

日直が、このように5～6分程度で進めていきます。

終わりの会も同じような流れで、日直が中心となって進めていきます。

STEP 3

給食当番の
準備・片付けは素早く

給食指導のポイントは7つ

　給食の指導をスムーズに行うことは、「学級づくり」において最重要課題と位置付けなければなりません。
　どのように行うかは各学校でスタンダードが決められている場合が多いので、それを参考にしていくことが大事です。ただ、ポイントになることがあります。

> ①給食当番の決め方
> ②給食当番の並び方
> ③教師の役割
> ④配膳の仕方
> ⑤配膳中、当番以外の子どもたちの指導
> ⑥食事指導
> ⑦片付け指導

　この7つのポイントをきちんと考え、実際に対処しなければなりません。次ページで①、③、⑤についてくわしく紹介します。

給食当番の決め方をどうするか

　1年間人数が固定の給食当番にしたほうがいいです。大体9人から10人が目安です。
　牛乳当番2人、大きいおかず2人、小さいおかず1人、食器2人、パン（ごはん）2人、お盆1人、そして、ティッシュ係1人が最後につきます。30人いるならば、3つの給食当番ができあがります。

教師の役割は何か

　教師には、給食を給食室まで取りに行くときの役割と、配膳の役割があります。給食を取りに行くときは、教師は、列の後ろからティッシュ係と一緒に、給食がこぼれたりしていないかを点検しながら行きます。
　配膳では、低学年の場合はおかずを配る手伝いをしなければなりません。安全を見守ることが大事です。

配膳中、当番以外の子どもたちの指導をどうするか

　配膳中は、当番以外の子どもには読書をさせます。絶対にうろうろさせないこと。配膳が終わったら、日直が「手を洗いに行ってください」と指示をします。手を洗い終わったら、日直の「いただきます」の挨拶をします。

　給食指導のポイントは、学校で決められている時間帯を守って、どれだけスムーズに進められるかにかかっています。食事は、無理強いをして食べさせるような指導をしてはなりません。
　アレルギーなどで子どもによっては、どうしても食べられないものがあるからです。ただ、どのように残すのか、お替わりはどうするかなどのルールは全体にあらかじめきちんと伝えておくことが大切です。

STEP 4

きちんとした給食当番で学級崩壊を防ぐ

▲▲▲▲▲▲▲▲▲▲

給食の場面に荒れの予兆が出る

　クラスがおかしくなって荒れ始めると、いくつかの予兆が表れてきます。1つは、給食の場面に表れます。

　給食当番がだらだらして、きちんと並ぶことができません。時間ばかりかかります。配膳の仕方が偏ってしまい、大量に残ったり、少なくなったりします。

　また、後片付けがめちゃくちゃになり、食器が散乱し、残飯が多くなります。そして、パンを入れる袋が教室中に散乱します。その結果、給食の時間が大きく次の時間にずれ込むことになります。

　だから、最初からこの予兆を見越して、手を打っていれば、クラスの荒れを防ぐことができるのです。最重要ポイントは3つ。

> ①準備（給食当番の並び方をどうするか）
> ②配膳（公平な配膳をどうするか）
> ③後片付け（きちんと後片付けができる仕組みをどうするか）

3つのポイントを重点的に指導する

　①の準備（給食当番の並び方をどうするか）については、給食室に給

食を取りに行くことを前提に紹介します。

　給食を取りに行く際は、だらだら、もたもたしないで、さっと廊下に並べるようにすること。子どもたちが自主的に素早く並べるようにします。タイム当番を活躍させます。

　㋐４時間目が終了したら、タイム当番がストップウォッチを持って「今から計ります」と合図をする。
　㋑給食当番は急いで白衣に着替える。
　㋒教室の後ろで、先頭の班長が、「並んでください」と声をかけて、２列に並んだら「出発します」と声をかけ、出発する。
　㋓タイム当番は、一番後ろの子どもが教室を出たら、タイムを押す。３分を超えないようにさせる。
　㋔タイムを、記録する（貼り紙をつくらせる）。

　担任は、「給食を食べる時間をたっぷり取りたいので、給食当番が素早く並べるようにタイムを取ります。３分を３回以上超えたら来週もやってもらいます」と声かけをします。
　これだけのことで、準備がものすごく早くなります。

　②の配膳は、盛り付けの仕方でひいきがないような工夫が必要です。また、③の後片付けは、班ごとに大きいお皿係、パンの袋係、スプーン係……と担当を決めて、それぞれで片付けさせていくことです。

　担任は、必ず配膳台のそばについて、指導を繰り返していかないといけません。何度も強調しますが、決められた時間内でスムーズに終わるような指導が必要です。スムーズに給食当番を行うことがクラスの荒れを防ぐことにつながっていくからです。

STEP 5

素早く終わらせる掃除の方法とは？

どこで、誰が、何をするか

　掃除がクラスできちんと行われているかどうかは、学級経営の大きなポイントの1つです。「きちんと行われているか」というのは、全員が15分間（あるいは20分間）に、さぼらずにさっさと終わらせているかどうかです。そのための手立てが必要になります。

　大切なことは、次のことが決まっているかどうかです。

> **どこを、誰が、何をするか。**

　まず、どこの場所を掃除するのか。次に、そこを誰が掃除するのか。そして、何を使って、どのように掃除すればいいかが決まっていることなのです。

最初は、「個別方式」がいい！

　クラスでの最初の掃除は、**「個別方式」**で取り組んだほうがいいです。これは、「どこで、誰が、何をするか」がはっきりするからです。

　個別で掃除することによって、一人ひとりの責任も生まれます。

> ①掃除する場所を決定する（教室、廊下、パソコンルーム、黒板、敷居など）。
> ②その場所での、掃除の役割分担を確認する（教室のぞうきん、教室のほうきなど）。
> ③その場所での人数を特定し、人数を当てはめ、掃除の仕方を確認する。呼びかけをする班長も決める（「机を運んでください」「床をはいてください」など）。
> ④時間内にきちんと終えているかどうか、班長に確認する。

　この「個別方式」をいつまで続けるかは、時間内に終わっているかどうかや、クラスのまとまり具合を基準に、判断すればいいでしょう。

クラスのまとまり具合で、「班方式」に移行する

　次に考えられるのは、**「班方式」**です。クラスがまとまり始めてうまく軌道に乗ってきたら、この方式に移行するとよいでしょう。

　この「班方式」は、その班の子どもたちのまとまり具合が試されるものです。互いに助け合って掃除をしていくことになります。子どもたち同士の助け合いがテーマになります。

　一方で、デメリットもあります。

　その班の子どもたちに、「誰が、何をするか」を任せていくわけですから、まとまりがなければ、うまくいきません。

　担任がいないところでは、さぼる子どもが出てきたりします。うまくいかなければ、個別方式に戻すことになります。

当番ルーレット

STEP 6

1か月連絡帳チェックで忘れ物をゼロに

▲▲▲▲▲▲▲▲▲▲▲▲

忘れ物をなくしていくために必要なこと

　忘れ物をなくしていくのは、大変難しいことです。
　それは、学校だけでの問題ではなく、家庭での問題がからんでくるからです。忘れ物がなく、きちんと学習用具が準備される状態が整うためにはどのようなことが必要でしょうか。

> ①連絡帳を持ってきている。
> ②明日の予定・持ち物をきちんと連絡帳に書ける。
> ③家庭で、連絡帳を見ながら用具を揃えられる。
> ④朝、揃えた用具を持ってくる。

　この４つのことがきちんとできれば、忘れ物はなくなります。しかし、これがうまくいきません。
　忘れ物をよくする子どもは、まず①ができません。すでに、連絡帳を忘れているのです。そこから問題が起こります。
　たとえそれをクリアできても、②ができない。「めんどくさい」と書きません。そうしたら、③も④も、もはや成立しません。問題は、②なのです。

連絡帳の点検にエネルギーを注ごう！

　学校でできることは、「②明日の予定・持ち物をきちんと連絡帳に書かせる」指導になります。とにかく、まずはここに全力で取り組みます。具体的には、何をすればよいでしょうか。

> **1か月の間、連絡帳の点検をする。**

　終わりの会で「さようなら」をしたあとに、連絡帳を見せて帰るというルールにします。教師が連絡帳を見た場合は、担任印を押します。
　これは、連絡帳を書くことを当たり前にできる習慣を身につけさせるためです。

宿題忘れにどう対応するか

　忘れ物で、初任者の一番の悩みは、宿題忘れになります。これにどのようにして対応していくかは、大きな課題です。私が指導した初任者で、この宿題忘れに効果的に対応したことがあったので、紹介します。
　帰りの会が終わったら、配膳台の上に宿題を提出するカゴを8つ置きます。翌朝、そこに出席番号ごとに提出します。宿題当番が提出されているかどうかを点検し、忘れている子どもには催促しに行きます。丸付けだけが担任の役割です。
　この方法で忘れる子どもは、ほとんどいませんでした。宿題当番が、活躍してくれた結果でした。

第2章　ここだけは押さえたい学級経営のコツ

STEP 7

全員参加の係・当番活動をつくる

係活動が続けられる仕組みを

　どのクラスにも係活動の貼り紙が貼ってあります。係活動を決めるときは、どの子も活発に参加しています。しかし、実際に活動をしていくことになれば、真面目な子どもたちだけの活動になっていきます。やってもやらなくても、問題にならないからです。

　その原因が、係活動そのものに問題があることに、初任者の場合は気づいていません。毎日しなければいけない仕事（黒板当番など）と、毎日しなくてもいい仕事（新聞当番など）が混在しているからです。これをはっきり区別しなければいけません。

一人一役で仕事を考える

　日常当番（毎日、きちんと仕事をしなければ教室が成り立たない当番）と**係活動**（新聞係やお楽しみ係などクラスの文化活動を担っていく係）に分けなければなりません。もう1つは、教科ごとに担任を補助していく当番（**教科当番**）が必要になります。

　まず、必要になるのは、日常当番。これは、毎日きちんと仕事をして、クラスのためにがんばる当番です。そのためには、真面目な子どもだけが活動する当番ではなく、全員参加が条件になります。

　そのために、**一人一役の仕事**が割り当てられます。

> 電気当番、窓開け閉め当番、図書当番、配膳台当番、黒板当番、日付当番、タイム当番、落とし物当番、ベルマーク当番、分別当番、宿題調べ当番など。クラスの人数に合わせて仕事を考えておく。

全員参加の当番活動

　ただこれを決めただけでは、また真面目な子どもだけが活動することになってしまいます。だから、下のようなミニ黒板をつくります。
　活動が終わったら　裏返しにできるようにします。
　終わりの会では、日直が全部裏返しになっているかどうかを点検します。できていなければ、残って仕事をしていくことになります。
　クラスの子どもたち全員が、クラスで必要な仕事をその日に終えてしまうこと。こういう日常を、教室につくり上げていきます。
　担任は、授業に全力を尽くし、あとはほとんど子どもたちが教室を動かしていく。そういうクラスをつくっていくことです。

健康観察係 山田	図書係 安藤	黒板係 白石	プラスチック ゴミ係 小林
8:55	朝の会終わり	1時間目終わり	帰り
宿題係 佐藤	よびかけ係 山川	黒板係 木村	紙ゴミ係 長谷川
帰り	帰り	2時間目終わり	帰り
お助け係 伊藤	落とし物係 丸山	黒板係 澤	燃やすゴミ係 小池
帰り	帰り	3時間目終わり	帰り
時計係 内田	保健係 宮川	黒板係 大久保	電気係 山本
6時間目	帰り	4時間目終わり	帰り

STEP 8

4月の「学級づくり」で1年間が決まる

▲▲▲▲▲▲▲▲▲▲▲▲▲▲▲▲▲▲

最初の1か月で、1年間の「学級」が決まる

　最初の1か月の「学級づくり」で、1年間の学級が決まってしまうということが、初任の先生はわかっていません。それは、大学で「学級づくり」のことについてほとんど学んできていないからです。

　しかし、入学式後からすぐに給食や掃除が始まります。給食も、掃除もきちんと指導をしなければ、学級が荒れてしまいます。

　最初の1週間で、学級の仕組みをつくってしまわなければ、教室がスムーズに動いていくことができません。仕組みは、できるだけ早く整えること。

　なぜなら4月の1か月の「学級づくり」で、1年間のほぼ80％が決まってしまうのですから。しかし、初任の先生はそんなことを考えないで、授業だけを早く進めようとしてしまいます。

　それでは学級は、うまく進みません。いつも中断し、混乱します。仕組みが整っていないからです。

「学級づくり」とは何か？

　そもそも「学級づくり」とは一体どんなことでしょうか。

　「学級づくり」とは、クラスの子どもたちが安心して暮らしていけるように、学級の仕組みやルールをつくっていくことです。 たとえば、次

のことなどです。

> ・朝自習をどうするか？
> ・朝の会、終わりの会をどうするか？
> ・給食指導をどうするか？
> ・掃除指導をどうするか？

　子どもたちが自分たちでクラスを動かしていけるようにすることです。

1週間で仕組みをつくり、その仕組みを定着させる

　学級の仕組みは、1週間でつくってしまいます。
　でも、ここで油断しないようにしましょう。つくっただけではダメです。うまくいきません。それは、子どもたちが前年のクラスの仕組みで、1年間やってきているからです。
　子どもはその慣れた仕組みに適応しています。同じ仕組みならばいいのですが、どうしてもクラスが違えば仕組みも違ってくるはずです。
　そこで、新しい仕組みに慣れさせていかなくてはなりません。
　そのためには、4月の残りの3週間を、新しい仕組みに慣れさせる期間にすること。繰り返し繰り返し、教え、練習させ、ほめてあげ、うまくいくようにさせていくのです。
　ここまでの段階でちょうど1か月かかります。
　私は、「3」（出会いの3日間）、「7」（仕組みづくりの1週間）、「30」（繰り返し仕組みを定着させる1か月）と位置付け、「3・7・30の法則」と提唱しているのです。

第2章　ここだけは押さえたい学級経営のコツ

STEP 9

8割の子どもを味方にして、学級崩壊を防ぐ

「2：6：2の法則」で成り立つ子どもたち

　クラスの子どもたちは、実は「2：6：2の法則」で成り立っています。 これは、組織についての法則なのですが、どんな組織にもあてはまる法則です。

　クラスで言えば、まず「2」割の真面目派の子どもたちがいます。クラスを良い方向に引っ張っていってくれて、担任の味方をしてくれます。

　「6」割は、中間派。学期の最初は、静かに座っています。クラスの雰囲気を観察しているのです。

　そして、最後の「2」割がやんちゃな子どもたち。このやんちゃな子どもたちの中でも、2、3人が超やんちゃな子どもで、学期始めからクラスの中で目立っています。

　初任の先生は、そんな子どもたちの状況を見て、「ああっ、この2、3人の子どもたちが、このクラスのキーマンだ。この子たちをクラスに包み込んでいければ、このクラスは安泰だ！」と考えてしまいます。そこで、毎日そのやんちゃな2、3人に対して、注意し、叱り、時にはほめたり、認めたりして、四六時中対応するわけです。

　そうすると、結果うまくいきません。やんちゃな子どもは、担任に反発します。そして、だんだんそのやんちゃな子どもたちと同行動を取る子どもが増えていきます。6月頃には、7、8人に膨れ上がっています。

　そうなると、クラスは騒がしく、落ち着かなくなり、もめごとで収拾

がつかなくなります。学校生活全体がルーズになっていき、授業が始まるのが、いつも5分遅くなります。

8割を味方にしていくための方策

　このような学級の乱れは、最初の対応の仕方が間違っていたために起こるものです。担任は、このクラスのキーマンは、2、3人の超やんちゃな子どもだと思っているので、毎日しつこく対応しています。でも、うまくいきません。

　それは、クラスのキーマンの考え方が間違っているからです。クラスのキーマンは、この2、3人のやんちゃな子どもではなく、最初は静かに座っている「6」割の子どもたちなのですから。

　この「6」割の子どもたちを、真面目派の「2」割に引き寄せて8割を担任の味方にするか、それとも2、3人の超やんちゃな子どもに引き寄せられてクラスを「荒れ」の道へ突き進ませていくか、どちらかなのです。クラスがうまくいくかどうかの岐路は、このどちらかしかないのです。

　「6」割の子どもたちは、実は「このクラスで、担任の先生が仕切っているのか、やんちゃな子どもが仕切っているのか」を見ているのです。この子どもたちは力が強いほうについていきます。

　当然、8割を味方にできれば、1年間安定した学級経営ができます。そのためには、まず、その8割の子どもたちが願っていることを実現するようにするとよいのです。それは何か？

> **クラスを安心できる居場所にしてほしい。**

　一切言葉にはしませんが、この8割の子どもたちには、実はこの願いがあります。だから、担任が、リーダーシップを発揮して、この願いを実現してくれれば、8割の子どもたちは、担任を信頼するようになり、共にクラスを動かしていくようになっていきます。

STEP | 10

クラスを支える「ルール」をつくろう

▲▲▲▲▲▲▲▲▲▲▲▲▲▲▲

クラスに定着するルールをつくる

　前ページで紹介したとおり、子どもたちの多くは、担任に対して「クラスを安心できる居場所にしてほしい」という願いを持っています。

　この願いを実現していくための大きなポイントは、クラスにきちんと定着するルールをつくるということです。守っても、守らなくても、どちらでもいいようなルールでは意味がありません。守らなければ、他の子どもたちが困るルールでなければなりません。

　普通は、朝の会などで担任が「〜〜しないようにしなさい」という注意がルールになっていることが多いのです。これでは徹底できません。では、どのようにしていけばよいのでしょうか。

目標達成法で、ルールを定着させる

　私が指導した初任者（４年生）のクラスで実践された「ルール指導」があります。**「目標達成法」**という方法です（『新卒教師時代を生き抜く学級づくり３原則』拙著、明治図書）。その初任者は、その方法で、みごとなクラスをつくり上げました。それを紹介しておきましょう。

　まず、目標づくりが問題です。難しく考えないで、困っていることを目標にしていけばいいのです。ただ、その場合は、漠然とした目標ではなく、チェック可能な具体的な目標として設定します。たとえば、「廊

下に並ぶときは、おしゃべりしないで30秒で並ぶようにしよう」などと、タイムや時間を具体的に設定したほうがいいのです。

大切なのは、目標が達成されているかどうかの確認作業です。

これがいい加減になると、ルールは定着しません。どのように達成状況を確認するかが非常に重要なのです。終わりの会で、子どもたちに顔を伏せさせて、「今日の〇〇の目標ができていない人は手を挙げます」と言えばいいです（できていない子どもが手を挙げるのはなかなか難しいので）。

「今日の目標は、できていない人が2人いました。とても正直に手を挙げてくれました。32人までは達成ですから、今日は合格です」。

達成の目安は、低学年で1、2回で合格。中学年は、3、4回。高学年は、3～5回。この初任者のクラスでは、バラの花を付けました。

目標と達成状況は、このように「見える化」をすると子どもが1日に何度も目にするので意識するようになります。

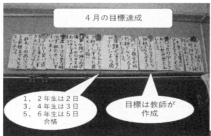

4月の目標達成の例。黒板の上に目標を貼り、いつでも見える状態にする。

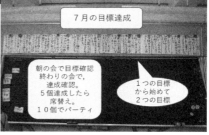

7月の目標達成の例。この程度に目標が達成されていくとクラスがとても落ち着いてくる。

第2章　ここだけは押さえたい学級経営のコツ

STEP 11

学校生活の一日を「見える化」する

時間がスムーズに流れるか

　学校生活は、朝自習から終わりの会までの「時間」によって決められています。**この「時間」がスムーズに流れるかどうかが子どもたちにとってとても大切なことです。**その間の活動がうまく流れればよいのです。

　どんな授業や活動があるのでしょうか。「朝自習」「朝の会」「1時間目」「2時間目」「休み時間」「3時間目」「4時間目」で午前中が終わります。授業時間の間に少しの休憩があることでしょう。

　そして、「給食」。午後は、「掃除」「昼休み」「5時間目」「6時間目」「終わりの会」と進んでいきます。この時間がスムーズに流れるかは、以下がポイントです。

①それぞれの授業や活動の時間帯を子どもたちが把握していること。
②今日の授業はどんな内容なのかが大筋把握できていること。
③活動の中身が、掲示物として貼り出されていること。

　①については、時間割を指します。これが、「見える状態」になっていること。しかも、はっきりと時間帯が書かれて、教室の後ろまで見えるようになっていること。

　どのクラスでも時間割は掲示されていますが、小さくてよく見えないことが多いのです。「給食の時間は何時から何時までですか？」という

教師からの質問に、すぐに子どもたちが「12時15分から13時までです」と答えられる状態をつくっておかなくてはなりません。たとえ答えられなくても、子どもたちがすぐに掲示された時間割を見て確認する習慣がなくてはならないのです。

②については、右のような小黒板が必要です。必ず朝の会で担任が「今日の予定」を話すこと。各教科で「教科係」が準備をするためです。

体育係は用具の準備など、理科係は理科室の準備など、子どもたちができることをやらせなければなりません。

ちなみにこの予定を書いているのは、掃除の黒板係です。担任に予定を聞いて書いています。

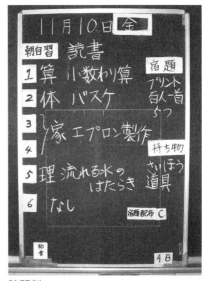

時間割

活動の中身を掲示物として貼り出す

③についてはたとえば、日直の仕事もこのように「見える化」し、仕事が終わったら、裏返すようにするとよいでしょう。

 →

STEP 12

「縦糸・横糸」張りで子どもたちと関係をつくる

▲▲▲▲▲▲▲▲▲▲▲▲▲

子どもとどのように関係づくりをするか

　初任の先生たちがよく悩むのは、どのように子どもたちと「関係づくり」をしていったらいいかです。ありがちなのが、多くの初任の先生が「仲良し友だち先生」となってしまい、関係づくりに失敗してしまうことです（第1章5参照）。

　では、実際にどのように子どもと関係づくりをしていったらいいのでしょうか。それは「織物モデル」というたとえを使います。織物づくりは、最初縦糸を張り、次に横糸を張りめぐらせていきます。

縦糸と横糸の張り方

　この手法を、子どもたちとの関係づくりに応用しようというものです。最初に張る「縦糸」で、教師（教える存在）と生徒（学ぶ存在）の上下の関係づくりをします。

　教室内のルールや仕組みなどをつくりながら、縦の関係をつくっていきます。この縦糸張りで、教室の中に「学ぶ環境づくり」をしていくことになります。

　初級としているのは、初任者用の縦糸張りです。縦糸張りに必要なのは「KSSの原則」。きぜんとして生徒の前に立ち、叱るときにはきちんと叱ること。

そして、指示をしたときには、**必ず指示したことがどうなっているかを確認していくこと。これが最も大切ですが、最も忘れやすいことです。**

　次に、「横糸」を張ることになります。縦糸張りで、教師と生徒の関係が一定の距離に保たれていたのを、一気に近づけます。これで「心の通じ合い」をしていきます。一緒に遊んだり、ほめたり、励ましたり、そして、クラスで笑い合ったりします。**「AWFの原則」**と名付けています。

　教師は、この縦糸と横糸をバランス良く張りながら、子どもたちとの関係をつくっていくのです。

　昔から学級経営が上手な先生は、これが巧みでした。

　縦糸は、教師と生徒との間にふさわしい距離をつくることができます。一方の横糸は、その距離がなくなります。要するに、「教師をする」とは、その距離の取り方の問題だったのです。

縦糸を張る

教師（教える存在）と生徒（学ぶ存在）の上下の関係づくり

○教師の指示に従う
○返事、挨拶
○聞く姿勢をつくる
○正しい言葉づかい
………

縦糸の張り方　初級

KSS の原則

K　きぜんと
S　叱る
S　指示―確認

横糸を張る

教師と生徒との心の通じ合い

○一緒に遊ぶ
○長所を伝える
○ほめる
○励ます
○笑いを生み出す
……

横糸を張る　初級

AWFの原則

A　あそぶ
W　わらう（笑う）
F　フォロー（ほめる、認める等）

STEP 13

「縦糸・横糸」張りで 1学期末の点検をする!

クラスがうまくいっているかどうかの点検をしよう

　1学期の間で、学級経営の危機に陥る月があります。それは6月です。「魔の6月」と呼ばれています。春の運動会が終わったあとにくることがよくあります。クラスが騒がしくなり、もめごとがしょっちゅう起こったり、授業が停滞したり、という状況になるのです。

　初任の先生は、クラスの状況がどうなっているかという全体像を、なかなかつかめません。隣のクラスの先生から「先生のクラスは、最近ちょっと大変なことになっていませんか?」と聞かれて、初めて気がつくということがあるのです。

　そんな危機的状況になる前に、定期的にクラスの状態の点検をしましょう。

「縦糸・横糸」張りで点検をしよう

　まず第2章12で紹介した「縦糸・横糸」張りがうまくいっているかどうかを具体的に点検します。

　なぜならこの2つがバランスよく張られていれば、クラスはまず順調にいっていると判断してよいからです。具体的には次ページの表でチェックします。

今までの「学級づくり」を点検しよう

〈縦糸張り〉	
1　教師の指示に対して、すぐに子どもたちは動きだしているか。	
2　廊下の移動や朝会時の整列は静かにできているか。	
3　掃除や給食は素早く落ち着いた動きができているか。	
4　教師が話すとき、子どもたちは静かに教師のほうを見て聞いているか。	
5　返事や挨拶は、はきはき大きな声でできているか。	
〈横糸張り〉	
6　教師は、子どもたちとよく遊んでいるか。	
7　子どもたちは親しげにいろいろなことを話しかけてくるか。	
8　教室で笑いが起こることがよくあるか。	
9　教師は、進んで子どもたちの良い点を伝えたり、ほめたりしているか。	
10　教師の話に、ほとんどの子どもが明るい表情で耳を傾けているか。	
合計	

　とてもいい◎…10点、まあまあ○…5点、できていない×…0点という基準で、◎○×をつけていきます。そして合計点数を計算してみましょう。

　目安は、70点以上だったらクラスは順調に推移しているとみられます。50点、60点ならば、まあまあ、何とかなっているでしょうか。
　でも、2学期から気をつけないといけない項目があります。50点以下になったら2学期から真剣に「学級づくり」に取り組むことです。
　特に、縦糸や横糸の×が多いところに注目してみましょう。どちらが弱いのかがわかるはずです。

第3章

新任でもできる
授業・指導のコツ

STEP 1

1時間の授業は意外に短い！授業者の心得

授業時間内に必ず終わらせる！

初任の先生の授業で最初に必ず陥る失敗は、

> 授業が1時間で終わらない！

小学校の授業時間は45分。この時間でやることがすべて終わらないのです。本時の目標が、達成できないままに宿題に回されてしまいます。どうしてこんなに延びてしまうのでしょう。

それは、見通しがないままに、ただひたすら話してしまうという授業だからです。

初任者には、自分が話しすぎているという自覚がありません。

ただ、ひたすら教えるべきことを説明しています。すると自覚がないまま、教師がずっと話している状態に陥ってしまうのです。

とにかく1時間で終わる

初任者が、授業で最初にやるべきことはたった1つだけ。

> とにかく、1時間で授業を終わらせること。

具体的には、
①授業の最初の「めあて」（学習課題）と「まとめ」をはっきりさせる。
②終わりの５分前になったら、とにかく「まとめ」に入る。
③もう少しくわしく教えたいなどと欲張らない。

　最初から、授業の中身を充実させようとすると、予定どおりに進まなくなります。とにかく、初任者は時間内に終わらせることを最優先させるべきなのです。

教師のおしゃべり授業で子どもたちは混乱する

　教師の一方的なおしゃべり授業を短期間で克服していくことはできません。初任者は、一斉授業をきちんと成立させていく力量を持っていません。子どもたちを、うまく動かしていく手立てもありません。
　たとえば、こんな事例がよく出てきます。

- 次から次に先生が指示を出し、その指示に子どもがついていけなくて混乱する。
- 何をしたらいいかわからない空白の時間が多すぎる。
- 先生が話していることが発問なのか、説明なのか、それとも指示なのかよくわからない。
- 先生がいっぺんに数多くの指示を出してしまうので、子どもがどうしていいかわからなくなる。

　こんな混乱を起こさないために、まずは１時間で終わらせることを厳守しましょう。

STEP 2

1時間の授業に単元の基礎・基本を入れる

子どもたちに学力が身についていない！

　初任者が授業にだんだん慣れてくると、今度はまた違う悩みが出てきます。

> はたして自分の授業で、
> 子どもたちの学力が身についているのだろうか？

　だから、テストの結果が気になります。「大丈夫かな……」と心配しながら、結果を見ると愕然となります！　隣の先生に、同じテストの結果を聞くと、隣の子どもたちはよくできているのです。またしても、ショックを受けることになります。

　授業が下手だというのは初任者自身わかっています。でも、自分が担任だということで、子どもたちがかわいそうだと思ってしまうのです。初任の先生が、授業がうまくいかないというのは、当たり前のこと。最初からうまくいくはずはないのです。
　しかし、だからと言って諦めなければならないのでしょうか。そうではありません。1つだけ初任者でもすぐできる方法はあります。これは、初任者指導で、初任の先生に確かめてもらった方法です。

単元ごとに基礎・基本を入れる

　初任の先生でも、きちんとクラスの子どもたちに基礎・基本の学力を身につけさせていく方法はあります。
　それは、次のことになります。

授業を分割して単元ごとに組み立てること。

　子どもたちに教えていく内容には、どうしても外してはならない単元の基礎・基本があります。
　たとえば、国語で言えば、漢字の習得や音読です。
　新しく出てきた漢字の読みがきちんとできなければ、教科書を読むことができません。また、漢字が書けなければ、ひらがなだらけの作文になってしまいます。
　すらすら文章が読めなければ、それ以上に国語教育の積み重ねは意味がないわけです。だから、音読の指導は必須です。
　だから、この漢字と音読の指導の時間を、1時間の授業に毎時間組み入れていくわけです。

①**漢字タイム（新出漢字2、3字を習得する。5分～10分）**
②**音読タイム（本時の教科書の範囲を読む。5分）**
③**本時（30分～35分）**

　国語の授業は、こうなります。他教科も、必要な基礎・基本をこのように単元ごとに入れていけばいいのです。

STEP 3

子どもに話の聞き方を指導しよう

話を聞けない子どもへの指導

　きちんと話を聞けない子どもが、クラスには必ず何人かいます。
　こういう子どもは、担任の話に、途中でいちいち話しかけたり、質問をしたりします。おとなしく黙っていることができないのです。
　初任の先生は、こういう子どもに、いちいち対応して答えてしまい、授業が進まないことになります。よく見かける光景です。
　授業を始める前に、話を聞くための約束を子どもたちと交わしておくことは何よりも大切なこと。まず、話を聞けない子どもに対しては、2つのことを約束しておくことです。

> ①質問は、先生の話が終わったあとにしなさい。
> ②どうしても話の間に聞きたいことや言いたいことがある場合は手を挙げなさい。

　我慢して、話を最後まで聞くことを子どもに指導します。我慢できたら、うんとほめてあげること。こうしたことを粘り強く指導していきます。
　もし話の途中で何かぺらぺら話し出したら、「手を挙げなさい」と言えばいいのです。

話を聞くルールはこのように教えよう

　子どもたちに、話を聞くためのルールを教えていくことは、授業を始める前に指導する学習規律の１つです。以下のように具体的な行動によって話を聞く姿勢を確認するとよいでしょう。

①おへそをこちらへ向けなさい

　最初は、この指示から入ります。「身体をこちらへ向けなさい」という指示を出す先生は多いのですが、「おへそをこちらへ向けなさい」という具体的な指示のほうが子どもたちにはイメージしやすいのです。

②机の上に右手と左手を重ねて置きなさい

　今まで多くの先生たちは、「手を膝の上に置きなさい」という指示で聞く姿勢を示してきました。この指示の欠点は、膝の上に置いた手で、机の中の物を手いたずらする場合があることです。

　でも、先生には、それは見えません。その欠点を克服するには、「机の上に右手と左手を重ねて置きなさい」と指示をすればいいのです。

③ストップ

　日常の授業で、どうしても付け加えたい内容が出てきます。そのときはどうしますか。多くの場合、初任者は子どもたちが作業をやっている途中で話し始めてしまいます。しかし、子どもたちは作業に集中しているため、教師の話をほとんど聞いていません。

　こんなときのとっておきの方法は、「ストップ」と言って、行動を制止させることです。そうしないと、教師の話は子どもに伝わりません。そして、子どもがこちらを向いたら話し始めます。しかし、あくまでも臨時のときに使うものですから、何度も使わないことです。

④鉛筆を置きなさい

　板書の内容をノートやプリントに書いたら、すぐに鉛筆を置くこと。これを習慣づけます。子どもたちは鉛筆を持ったまま、話を聞こうとします。すると、書きながら話を聞いてしまう子どもも出てきてしまうからです。話を聞くときと書くときの区別をはっきりさせることです。

STEP 4

基本的な板書の技術を身につけよう

板書内容は、授業の流れをそのまま書こう

　板書は、どの教師も必ず授業で行います。初任の先生も、すぐに黒板を使い始めていくことでしょう。しかし、黒板に何を書くべきかわからない最初のうちの板書内容は、次のように考えていけばいいのです。

> 板書内容は、授業の流れをそのまま書く。

　授業の内容をそのまま板書すればいいのです。
　その授業内容は、導入は「めあてを書く（学習課題）」、展開は「授業展開での重要な内容を書く」、そして最後に、「学習のまとめを書く」となります。これで、「はじめ―展開―まとめ」という1時間の授業が成立します。
　子どもたちは、この内容をノートに書いていくため、余計なことは書かず、ポイントを押さえた板書を心がけていかなくてはなりません。

子どもたちに背を向けて板書している

　多くの先生たちの板書の仕方を見ていて、気づくことがあります。

> 子どもたちに背を向けて板書している。

「えっ、板書の仕方って他に方法があるのですか？」と疑問に思われる先生もいるかもしれません。

初任の先生は、教える内容にばかりに気を取られて、それが子どもたちにどう受け止められているか、どう浸透しているかをほとんど意識していません。

だから、板書のために黒板に向かったとき、黒板のほうへ顔を向けきってしまい、子どもに背を向けてしまうのです。

四分六分で板書する

> 「四分六分の構え」で板書する。

昔から伝えられてきた板書の方法です。

まず、黒板に向かうとき、完全に黒板に身体を向けきってしまわず、四分だけ黒板に、そして六分は子どものほうへ身体を開くようにするのです。身体を斜めにして板書していくのです。

これは、黒板の板書への注意力は四分、子どもへの注意力は六分にするということになります。

私は、これを大西忠治先生の『授業づくり上達法』（民衆社　註）で学びました。なぜ、「六分四分」や「五分五分」ではないのでしょう。授業は、教師の指導を子どもが受け止めて、はじめて成立します。

だから、大切なのは、授業での子どもたちとの関係性です。常に子どもたちのほうへ注意を向けておく。その意味で「四分六分」なのです。

　　　　　　註　『授業づくり上達法』は、絶版になっています。

STEP 5

必ず学力が身につく ノート指導

勉強ができる、できないはノートを見ればいい！

　私は、37年間担任をしながら、子どもたちと接してきました。その中でこれだけは、絶対に言えることがあるのです。

> **ノートがきれいな子どもは、勉強もよくできる！**

　ノートを見れば、その子どもがどのくらい勉強ができるのかを判断することができました。だから、きちんと「ノート指導」ができれば、子どもたちの学力は自然と上がってくると思っていいのです。
　それほどノート指導は、大切な指導なのです。
　とくに、算数科の指導は、「ノート指導が命だ！」と思えるほどです。
　プリントを使って授業をすることは、できるだけ控え、まずはノート指導を心がけるべきです。

基本的なノート指導

　さて、ではどのような「ノート指導」をやっていけばいいのでしょうか。
　それは、基本的な「ノート指導」と、「日々のノート指導」に分けて考えればいいのです。まず、**基本的な「ノート指導」**を考えましょう。

> ①濃く書く（鉛筆の基本は、2Bです）。
> ②大きく書く（マス目いっぱいに書くようにさせる）。
> ③ゆったりと間を空ける（1行空きで書くようにする）。
> ④線はミニ定規を使う。
> ⑤下敷きを敷く。

　ポイントは、「ゆったり間を空けること」です。これを伝えなければ、子どもたちはぎちぎちに詰めて書いてしまいます。

　ゆったり空けて書くことに慣れるには、時間がかかります。根気強く指導を繰り返します。指導するときには、「ここで1行空けます」「定規で線を引きます」などの注意を与えながら進めていきます。

日々のノート指導

　次に「**日々のノート指導**」です。

> ①日付を書く。
> ②ページを書く。
> ③めあてを書く（ミニ定規を使って四角で囲む）。
> ④問題番号を書く（算数の場合）。
> ⑤まとめを書く（ミニ定規を使って四角で囲む）。

　まず、これくらいから始めていけばいいです。必ず、最初はノートを提出させて、書き方をチェックします。上手なノートは、コピーを取って掲示し、お手本にします。粘り強く続けていくようにします。

STEP 6

学習ルールは
授業始めに徹底しよう

まず、3日間で3つの学習ルールを身につける

　授業の最初に、学習ルール(学習規律、授業規律などと呼ばれている)を子どもたちに身につけさせていくことは、とても大切なことです。でも、それは、簡単なことではありません。

　全員の子どもたちに学習ルールを徹底させていくには、繰り返し繰り返し言葉がけをしていく必要があるからです。担任の根気が続かないために、ほとんどがいい加減な状態になりがちです。

　子どもたちは今まで身につけた方法で済まそうとするので、なかなかうまくいきません。よほどの覚悟が必要です。

　では、どんな学習ルールが必要なのか。そして、それをどのように子どもに身につけさせていけばいいのか。これについて、考えていきましょう。

　学習ルールは、数多くあり、先生たち一人ひとりによっても違います。ここでは、どうしても必要なルールに絞って、紹介しておきましょう。まず、3つ。

> ①挙手をきちんとさせる。
> ②名前を呼ばれたら「はい」と返事をさせる。
> ③授業時間を守る。

この３つは、始業式から３日間の間に徹底しておきましょう。なぜ、３日間なのか？　この３日間は、「黄金の３日間」と言って、この期間だけは子どもたちが素直に教師の指示に従ってくれる期間だからです。
　①の挙手は、「手を挙げるときは、天井に突き刺さるように挙げます！」と教えてあげればいいでしょう。
　③の授業時間は、「時間になったら（チャイムがなったら）、席について、教科書とノートと筆入れをきちんと出して、授業が始まるのを待ちます」と教えます。

次の１週間で、４つの学習ルールを身につける

　次に必要なのは、４つのルール。これは、１週間で、授業の始めに教えていくことになります。

> ④机上の整理をさせる。
> ⑤机の中の整理・整頓をきちんとさせる。
> ⑥ノート指導の徹底。
> ⑦筆箱の中身を整える。

　④の机上の整理は、「勉強に必要なものだけを机の上に出しておく」というルール。⑤の机の中の整理・整頓は、低学年では最も必要な学習規律になりますので、学年で統一しておくべきことです。学年主任の先生にやり方や方針をきちんと聞きます。
　⑥のノート指導は、第２章５で書きました。⑦の筆箱の中身についても、学年でぜひとも統一されるべきこと。これも学年主任の先生に聞きましょう。
　徹底させるためには、注意や叱りだけではだめなのです。うまくできている子どもに対して、「上手だね」「よくできているね」「さすがだね」とほめていくことです。この繰り返しです。

STEP 7

指導言（発問・指示・説明）の区別をしよう

初任者の授業は、最初必ずこうなります！

　初任の先生の授業で、ほとんど共通して出てくる現象があります。

> 最初から最後までずっとしゃべりまくること。

　じっとしている時間が不安なのでしょう（これは**「おしゃべり授業」**と名付けていて、その克服は第3章8で紹介します）。子どもたちは、ずっと教師の話を聞いていなければならず、大変です。
　なぜ、そんなにしゃべりっぱなしになってしまうのか。それを解き明かしておきましょう。

「おしゃべり授業」の正体

　教師の授業中の話は、「指導言」と言って、発問、指示、説明に分けられます。この3つを使って、授業をやっているわけです。
　「発問」は、「～～ですか？」「～～していますか？」などの質問の形をとります。
　「指示」は、作業をさせるときに使う言葉です。「ノートに書きなさい」「気づいたことを3個以上書きましょう」などという言葉になります。
　「説明」は、事柄や内容を説明するときに使います。

初任の先生が長々と話し続けているのは、この「説明」です。

おそらく、初任の先生は、指導言を自覚していません。とにかく、教えることを教えたいという思いだけで話しているからです。

これが問題なのは、ずっと子どもたちに聞いている状態を続けさせることにあります。子どもたちが飽きてきたり、集中力が途切れたりすることは明らかです。

指導言の区別をすること

まず、これを克服していくためには、次のことが必要です。

「指導言の区別」をすること。

その区別を自覚すること。そこからしか始まりません。

この区別をしないままに、だらだらと話し続けていると教師のための授業になってしまいます。

まず、**「発問」**をしたら、子どもたちは考えることが中心になります。

「この1場面の季節はいつですか？」

と主要な発問は、ノートに書かせていきます。

そのとき、**「指示」**を出します。

「ノートに書きなさい。理由も書きます」

指示を出したら、机間指導をして、出した指示が子どもに伝わっているかチェックしていきます。今何をやるべきかわからない子どもも出てくるからです。

決めた時間に止めさせ、書いたことを発表させます。

そして、最後に、教師の**「説明」**でまとめていきます。このようにきちんと区別して授業の流れをつくっていきます。

STEP 8

「おしゃべり授業」で子どもはやる気をなくす

おしゃべり授業で、子どもたちは退屈する!

「**おしゃべり授業**」は、初任の先生のほとんどが最初にやりがちな授業です。その特徴は、次のこと。

> ①授業の8、9割ずっと話している。
> ②発言は、いつもの4、5人の子どもたち。
> ③大半の子どもが傍観者。

なぜ、こんなに教師はしゃべりっぱなしになってしまうのでしょうか。「教えるべきことをとにかく伝えなければならないから」「じっとしている時間が不安になるから」というのが理由になります。

また、高校の授業や学習塾の授業に慣れているために、「授業とはずっと教師がしゃべっているものだ!」という授業観やイメージがすり込まれている場合もあるのです。

この考え方から脱却していかねばなりません。

なぜなら、この「おしゃべり授業」を受ける子どもたちにとっては、大変退屈で、つまらない授業になるからです。子どもたちの「やる気」をどんどん失わせていく授業なのです。

「おしゃべり授業」を克服する手立て

「おしゃべり授業」を克服していくためには、どういう手立てが必要になるのでしょうか。まず、必要になるのは、自分の「おしゃべり授業」を客観視してみることです。

> **１時間だけ自分の授業を録音してみること。**

初任の先生は、自分がどれだけしゃべっているか自覚していません。無意識なのです。そこで、とにかく、１時間だけでいいので、ICレコーダーなどで録音をしてみましょう。

いかに自分がしゃべっているかわかります。１時間の授業を最後まで聞けないかもしれません。でも、子どもの立場になって我慢して聞いてください。

その「おしゃべり授業」を克服していく手立ては、以下のようになります。

> **①指導言（発問・指示・説明）の区別をすること。**
> **②説明の言葉をできるだけ削っていくこと。**
> **③子どもたちが活動する時間を確保すること。**

①については、第３章７で明らかにしています。

問題は、②と③です。すぐにはできないため、意識的に取り組む必要があります。

②は「今しゃべっている説明」を、半分に減らしていくこと。「そんなことできない！」と思われるでしょうが、反面それだけしゃべりすぎているわけです。教師の話を削る、削る、削るのです。

余計なことは言わないこと。そして、子どもたちが活動する時間（ノートに書く、ペアで話す、グループで話すなど）を確保していくことです。

STEP 9

指示の3原則で、
脱！友だち先生

指示3原則で、子どもを動かす

　子どもたちに指示する言葉は、たくさんあります。「〜してください」「〜しましょう」「〜しなさい」など。この指示の言葉で、子どもたちは動いていきます。安易に連発すると、活動が中断し、停滞します。
　指示には、とても大切な**「指示3原則」**があるのです。

> ①指示は、**全体に行うこと。**
> ②指示は、**必ず確認を伴うこと。**
> ③指示は、**「一時に一事の原則」で行うこと。**

指示は全体に行う

　まず、指示を、全体に行うことは当たり前のことです。しかし、初任の先生は、これを守らないで個々の子どもに指示を出しがちです。学期始めに目立って多いのが、子どもたちからの質問に対する指示です。
　「先生、トイレに行っていいですか？」「先生、おかずを残したいのですが、どうしたらいいですか？」などさまざまな質問に、いちいちていねいに答えます。ところが、そのうちに初任の先生はどのように指示を出したかわからなくなり、それぞれの子どもに対して答えが違ってくることがあるのです。そうすると、子どもたちは「さっきと言ってること

が違う！」「先生はあの子だけひいきしている！」と混乱し、先生への信用をなくしていきます。

　だから、クラスにとって大事な指示は、必ず全体に伝えることを徹底しなくてはなりません。

指示は必ず確認をする

　「指示」したことの確認がないままで、次から次へと教師が指示を出してしまうことがあります。「ノートをしまってください」と指示をして、半分ぐらいの子どもがしまい終えたら、「国語の本を出します」と次の指示を出してしまいます。

　大人にとって簡単な動作でも、子どもにとっては難しく時間がかかる場合があります。その連続した指示についていけず、子どもたちを混乱させてしまいます。一部の子どもは、「先生の指示がわからない」「いつもついていくことができない」と自信をなくし、先生の指示を聞かなくなります。この積み重ねが、学級の荒れにつながってしまいます。

一時に一事の原則

　そして、指示は「一時に一事の原則」で行うというのは、『授業の腕をあげる法則』（明治図書）での向山洋一先生の提起です。とくに、学期始めは、この原則を多用すること。

　なぜなら、「算数の23ページの6番をノートにやっておきなさい」と初任者は一気に指示を出してしまうことが多いのです。

　大人はすぐこの指示を理解できますが、子どもはすぐには理解できません。これは4つの指示を同時に出しています。「算数の教科書を出しなさい」「23ページを開きなさい」「その6番に指を置きなさい」「それをノートにやっていきます」という4つの指示が含まれています。

　このように、一時に一事の指示を出していき、その都度全員ができているかどうか確認をするわけです。

STEP 10

効果絶大！
指示―確認の原則

学級の荒れを、教師がつくっている

　新学期の始めは、子どもたちに指示することが多くなります。
　「机を戻しなさい」「教科書を机の中にしまいます」「算数のノートを出しましょう」……。このように数限りない指示が出されます。それは、どこのクラスも同じです。
　このとき、とくに初任の先生は、共通の間違いをします。

> **指示をして、その確認をしないこと。**

　次から次へと指示を出します。
　「机を戻しなさい」と指示を出しているのに、戻し終えているかどうかを確認しないままに、次の「教科書を机の中にしまいます」という指示を出します。
　まだ机を戻す途中の子どもはあわてて、少し混乱状態になります。まだ半分の子どもしか机の中に教科書をしまわない状態で、また、次の指示を出します。「算数のノートを出しましょう」と。
　うまく対応できる子どもは、半分の子どもたち。あとは、混乱状態。ときには、2つも3つもいっぺんに指示が出されて、クラス中大混乱になります。
　すべての間違いは、確認をしないままに、指示が出されていくことに

あります。こういう間違いを積み重ねていけば、学級が荒れていくのは明らかです。

今、問題になっていることは、「ヒドゥンカリキュラム」です。隠れたカリキュラムとも言われています。たとえば、教師が出す指示に従わなくてもたいしたことがないと子どもたちが判断することから起こってくる問題です。

この繰り返しが学級崩壊を招いていきます。教師は無自覚なのでさらに困ります。なぜ、こんなにクラスが荒れてくるのかわからないのです。

指示を出したら、必ず確認をする

こういう混乱を招かないために、特別に大事な原則があります。

指示―確認の原則

初任者指導では、真っ先に教えていく原則です。

授業で、この原則を使えなければ、まともに授業は進んでいきません。子どもたちが混乱してしまうためです。

「机を戻しなさい」と**指示**を出したら、全体の子どもたちに視線を向けてじっと見ておきます。動作の遅い子どもや、机を戻していない子どもには「〇〇くん、机を戻すんですよ」と注意をします。

全体が、きちんとできていると**確認**できたら、次の「教科書を机の中にしまいます」という指示を出します。これも同じように全員ができているかどうか教師が**確認**をします。

指示➡確認、指示➡確認、この繰り返しなのです。

STEP 11

「一時に一事」の原則を使えるようになろう

多指示で子どもたちは、混乱する

　「指示─確認」の原則が大切なことは、第3章10で書きました。

　ところが、この「指示」にも、大きな問題があります。

　初任の先生は、大学でほとんど「指示」の原則を学んできていないので、子どもたちに指示を出すときには、次のようになるのです。

「机を元に戻しなさい。そして、算数の教科書を机の中にしまいます。それから、算数のノートを出します」と指示を出します。

　これは、3つの指示をまとめて言っています。

　また、こんな指示もよく出されます。体育の時間。

　「今から、運動場に出ます。廊下に静かに2列に並んで、階段を押し合わないように気をつけて運動場に出ます。運動場に出たら、朝礼台の前に2列に並んで待ちます」

　これでは子どもたちは混乱し、うまく指示は伝わりません。とくに、発達障害の子どもには、ほとんど伝わらないことが多いのです。それは、経験的に言えます。その原因は、いくつもの指示が重なっているからです。

学期の最初は「一時に一事の原則」を使う

　低学年に指示を出すときにはきちんとした原則があります。

また、どの学年でも（中学校でも）、学期の最初には、必ずこの原則を使わなくてはうまく子どもたちを動かせません。
　その原則とは、以下のもの。

一時に一事の原則

　この原則は、繰り返しますが『授業の腕を上げる法則』（向山洋一著、明治図書）の本で明らかにされていることです。この原則にのっとれば、体育の時間の指示は以下のようになります。

> ①静かに机の横に並びなさい（立ったのを確かめて）。
> ②窓側の列から静かに廊下へ出なさい。
> ③（教師は先に出て）２列に並びなさい。
> ④いつもの朝礼のときに並ぶところへ、並んだまま出なさい。
> ⑤（階段を通るときには）押し合わないように気をつけて歩きます。
> ⑥（運動場へ出たら）朝礼台の前に２列に並んで座って待ちます。

　上のように、１つひとつの指示に分割して、それぞれの指示によって１つの行動が終了したことを確認して、次の１つの指示を出していくのです。これは、そんなに簡単な技術ではありません。使いこなせるように習熟しなければなりません。
　この原則は、昔から「一指示一行動」として伝承されてきました。
　これに慣れてきたら、二指示行動や三指示行動をできるようにしていきます。いつまでも「一指示一行動」ばかりで動く子どもたちではいけません。
　ときには、多指示でも行動できるようにしなくてはなりません。
　遠足や体験学習では、どうしても多指示になってしまうからです。

STEP 12

フォローこそが子どもたちのやる気を高める

子どもたちにフォローを入れよう

　初任の先生だけではありません。多くの先生方が授業で、次のことができていません。

> ほめたり、認めたり、励ましたりすること。

　このことを「フォロー」と言っています。これは、『学級担任に絶対必要な「フォロー」の技術』（中村健一編著、黎明書房）の本から学んだことです。
　「お笑い」の研究をしている中村先生は、お笑いが「フリ」「オチ」「フォロー」から成り立っていることを発見します。そこから、教育も、もちろん授業も、「フリ」「オチ」「フォロー」で成り立っていることに気づきます。

> 「フリ」…………「作文を書きなさい」などの指導
> 「オチ」…………がんばって取り組む子どもたち
> 「フォロー」……子どものがんばりに対しての教師の評価

子どもたちのやる気をひき出す

　教師は、「フリ」だけで対応してしまっています。ところが、今どきの子どもたちを動かしていくのは、「フリ」だけではなく、「フォロー」なのだということをわかっていなければなりません。

　「フォロー」を子どもたちに投げかけることによって、**「安心感」**を与えていきます。子どもたちが一番求めているのが、この**「安心感」**だからです。このフォローで、子どもたちは満足感を覚え、やる気に満ちあふれていきます。

　フォローは、ほめることだけではありません。注意する、間違いを指摘することなども入りますが、やはり中心は「ほめる」ことになります。

フォローの言葉を増やしていこう

　フォローと言っても、その言葉のバリエーションを持っていなければ、すぐに対応できません。

　即座に、その場に合った言葉が出てこなければならないのです。ところが、先生たちは、言葉のバリエーションをあまり持っていません。「いいね」「すばらしい」ぐらいしかないのです。

　そこで、私は、このくらいはすぐに出てくるように**「SWIM話法」**を提起しています。

　「その考えはすごいね！」「さすが〇〇さん！よい意見です」

　「よく、その意見を思いついたね。すばらしい！」

　「〇〇くん、その調子！その調子！」「その意見はみごとだね」など、１つでも多くのフォローの言葉を増やしていきましょう。

「SWIM」話法
　Ⓢ…すごい、すばらしい、さすが、その調子
　Ⓦ…わかる　　　Ⓘ…いいね　　　Ⓜ…みごとだね

STEP 13
子ども全体が見える「視線」の鍛え方

子どもたちを漫然と見ている初任の先生たち

　このように言ったら、初任の先生はどういう反応をされるでしょうか。

> 初任の先生は、子どもたちをあまり見ていない。

　これに対して、「いやいや、私は努めて見ています！」と反論されるでしょう。そんな先生に質問します。
　「算数の時間に、Aくんがしょっちゅう手いたずらをしていたのですが、気づいていましたか？」
　「Bさんが発表しているとき、他の子どもたちがどのような姿勢で聞いていたか知っていましたか？」
　「Cさんが黒板に書いているとき、他の子どもたちがどのような姿勢で聞いていたかわかっていましたか？」

　初任の先生はうまく答えられません。「見ている」というのは、ただ漫然と子どもたちのほうに目を向けているだけなのです。
　常に、全体の子どもたちに視線（視線なのです！）を向けておくことは簡単にはできません。

視線を子どもに向ける練習

　ただ、漠然と子どもを見ないで、「視線」を子どもたちへ向けていくには、どうしたらいいでしょうか。

> Z型で見ること、左右真ん中という練習をすること。

　まず教室の後ろから前へZ型で全体を見ます。その後、左右真ん中と全体を見ます。よほど意識的に練習をしないと、これはできません。

子どもが発言するときに注目しよう

　子どもに視線を向けるには、とくに気をつけていくことがあります。それは、子どもが発言するときです。普通、その子だけを見て、発言にうなずくということがなされています。初任の先生はみんなそうします。

　でも、大切なのは、発言しているその子を、まわりの子どもたちがどのように見て、聞いているかなのです。お互いに話を聞き合う関係をつくり上げるためには、ぜひとも子どもたちにその姿勢を身につけさせなければなりません。

　そのためには、まず教師が発言している子どもだけではなくまわりの子どもたちが、どのように聞いているかを見なくてはならないのです。

　最初は、まわりに注意を向けると、その子どもの発言が聞き取れなくなる恐れがあります。でも、努めて続けていくと、慣れてきます。

　同時に、一人の子どもが黒板に書いているときも、書いている子どもだけを見ていてはだめです。

　まわりの子どもたちが、板書している子どもをどのように見ているのかを注意深く見ておくこと。目をそらしている子どもには、「〇〇さん、書いているAさんのほうを向くのですよ」と注意をすることです。

STEP 14

授業は、スピード・テンポが重要!

授業に空白の時間をつくらない

　初任の先生の授業で共通して見られるのが、次のこと。

> スピード・テンポが遅いこと。

　授業はゆっくり、ていねいに進めなければならないと思い込んでいます。

　勉強がわかっていない子どもがいたら、その子の机の脇にしゃがみ込んでずっと教え続けます。他の子どもは、おしゃべりをしたり、遊んだりしています。

　初任の先生は、何度も何度も立ち止まり、繰り返し繰り返し同じことを話して、徹底しようとします。子どもたちにノートを持って来させたら、ずらっと1列に並んで待っています。

　並んでいる子どもは飽きて、おしゃべりやいたずらを始めます。なぜならそれは、

> 空白の時間があまりに多すぎるからなのです。

　授業のテンポが遅すぎて子どもは飽きてしまうのです。次第に学級が荒れていきます。

ゆっくり、ていねいはもう合わなくなっている！

　授業にスピードやテンポがなくなったら、子どもたちは不快に感じ、集中できなくなります。だらだらしたり、手いたずらをしたりして、行動が緩慢になります。これは、「授業がつまらなくなってしまった！」という子どもからのサインなのです。

　普段からゲームやインターネットに触れている子どもたちは、行動が非常にスピーディです。だから、「ゆっくり」、「ていねいに」というテンポは、もう子どもたちに合わなくなっているのです。

　初任の先生だって、そういう速いテンポに慣れてきた世代のはずです。

読み・書き指導の時間は短く

　初任の先生の授業を見ていると、テンポのなさを感じます。どんなところに出てくるでしょうか。

> ①ノートに書かせる時間が長すぎる。
> ②グループで話し合わせる時間が長すぎる。
> ③わかっていない子どもへの指導が長すぎる。
> ④板書が多すぎる。

　いずれも「長すぎる、多すぎる」ことが問題です。時間は短くていいのです。十分こなしていけます。子どもは、最初は戸惑いますが、慣れてきたら対応できます。「とんとんとん」とテンポ良く進めるのです。

　ちなみに、私が授業でノートに書かせる時間は、理由まで書かせて1分間です（内容にもよりますが）。「長々と書かない。短くすっきりと書くこと」と伝えます。

　ペアで相談させるときも、「15秒です」「20秒です」「30秒です」と伝えます。この程度で、さっと話し合いができるようにしていくのです。子どもたちはすぐに慣れます。

STEP 15

通知表の所見は、まず「型」を覚える

通知表の所見は型を覚えよう

　担任を持つと、学級経営や子どもへの指導以外でも、さまざまなハードルが待っています。最初の大きなハードルが、次のこと。

> **通知表の所見をどう書くか。**

　そもそも書き方などの型がわからないため、これは大変なことです。一人ひとりの保護者に、1学期の学習の様子や生活の様子などを伝えなければならないからです。

　もちろん、保護者との個人面談などで伝えることもあります。通知表では、文章で伝えなければなりません。子どもたちへの励ましなども含まれますので、その文面をどうするかが大きな課題になります。

　さて、実際に通知表の所見を書くとき、一番困るのは次の2つのことです。

> ①「目立たない子ども」への文章をどのように書くのか。
> ②「できていない子ども」への指摘の言葉をどのように書いたらいいのか。

定型文を身につけることが、とても大切!

通知表の所見を書くには、次のことが大切なのです。

> 定型文を身につけること。

たとえば、次のような定型文になります。

①目立たない子どもへの文例

- いつも落ち着いて学習している態度は立派です。発言はあまり多くありませんが、要点はきちんと押さえ、理解できています。
とくに、ノートへのまとめ方はすぐれていてみんなの手本となるノートです。
- 話をしっかり聞くことができて、学習態度はとても真面目です。とくに、友だちの意見をうなずきながら聞く姿勢はすばらしいです。

②基礎力が落ちていたり、問題を持つ子どもの文例

- 基礎的な知識や技能は十分持っていますが、毎日の学習に生かしていくのがもう一歩でした。それでも、発言力が伸びてきたことは1学期の成果でした。
- 理解力はすぐれているのに、友だちや先生の話を聞きもらして、学習の理解が深まらないことが時々ありました。自分の考えと比べたり、確かめたりしながら落ち着いて学習できるように指導していきます。

このような定型文になります。本や雑誌にのっている文例などをヒントに、このような文例を自分なりに文例集として日頃から集めておくことが大切です。

第4章

クラスがまとまる子どもとのコミュニケーション

STEP 1

ほめ方＆叱り方を身につけよう

ほめ方や叱り方には鉄則がある

　初任の先生は、このようになりがちです。

> ほめることがほとんどできない。

　初任の先生は、決して「ほめること」を苦手としているわけではありません。「ほめること」が、子どもたちに肯定感や安心感を与えていくのは十分にわかっています。
　しかし、教えることに精一杯で「ほめること」まで気をつかうことができないのです。反対に、「叱ること」はしょっちゅうやってしまいがちです。
　でも、「そんなことをしたらダメでしょう！」というワンパターンの叱り方で効き目はまったくありません。「ほめること」にも、「叱ること」にも鉄則があるのです。それを知っておかなくてはなりません。

システムとして機能させる

　初任の先生は「ほめること」が必要だとわかっています。でも、なかなかできない。それは、授業や活動のシステムとして機能していないからです。どういうことでしょうか。授業や活動は、普通このように成り

立っています。

> **指示（あるいは発問）―活動**

　教師が、まず指示（発問）し、そして子どもたちが活動をします。
　ここには、「ほめること」がありません。これが、システムとして機能していないということです。そこで、次のように付け加えるのです。

> **指示―活動―フォロー**

　フォローとは、「ほめたり、認めたり、励ましたりすること」（第3章12で紹介しました）。
　子どもに「活動」をさせたら、必ず「フォロー」を入れること。その習慣を身につけていくことで、システムが機能していきます。

叱り中毒にならないこと

　叱り方のコツは、次のこと。

> **夕立のように短く叱る。**

　だらだらと長時間叱ってはいけません。効果がないからです。叱ることは、中毒のように癖になります。「叱り中毒」と言っています。
　「今日は叱らないようにしよう」と思っていても、ついつい叱ってしまいがちです。叱るときは、真剣に短時間にビシッと叱るようにして、叱ったあとには、必ずその子を「フォロー」するようにしましょう。

STEP 2

子どもとの距離の取り方が大きなポイント

学級崩壊になる2つのパターン

　学級崩壊になるクラスは、2パターンあります。
　1つ目は、**縦糸張りの失敗**です。子どもの動きに対応できず、ずるずると押され、流されてしまうのです。
　教師の指導に、だんだん子どもが耳を貸さなくなり、勝手に振る舞い始め、気がつけば教室内は、無秩序状態で、弱肉強食の世界になっています。これは、初任者がよく陥るパターンです。
　もう1つは、**横糸張りの失敗**です。教師が、子どもを力で押さえ込もうとしたり、限りなく距離をおこうとしたりします。教師に親しみを感じることができず、子どもは教師から離れていきます。
　一見表面上は問題がないように見えます。でも、子どもは教師を敬遠し、近づいてこなくなります。知らないうちに教室内はいくつかのグループに分かれて、教師から見えないところで対立が起こります。いじめや不登校も起こりやすくなります。

子どもとの距離の取り方に失敗している

　以上の失敗パターンは、どこがだめなのでしょうか。どちらも、子どもとの**距離の取り方**を失敗してしまっているのです。
　第1のパターンでは、**子どもとの距離が近すぎて**、友だち感覚でずる

ずると子どもに引きずられていっています。第2のパターンでは、**子どもとの距離が離れすぎていて**、子どもが教師に親しみを感じられないのです。

　いずれも、**縦糸と横糸をバランス良く張れず、適度な距離を保つことに失敗しているのです**（第2章12を参照してください）。

子どもとの正しい距離の取り方

　では、どのように距離を取ったらいいのでしょうか。
　初任の先生にとっては、なかなか難しい課題です。試行錯誤を繰り返すことになります。
　ただ、基本的な視点は、はっきり持っておかなくてはなりません。
　それは、第1章5のところでも書きましたが、繰り返します。

> **①授業中と休み時間の区別をつけること。**
> **②叱るときは、真剣に叱ること。**

　この2つが、最初に心がけることです。
　①は、最も大切なことです。授業中は、先生と生徒、生徒同士の関係をきちんと保つこと。生徒は、ちゃんとした敬語（ていねい語）を使って話すこと。
　先生も、生徒に対して、きちんと「くん、さん」を使って呼ぶことです。得てして、親しみを込めて、呼び捨てにしたり、あだ名で呼んだりする場合がありますが、授業中は止めます。
　授業中、ぐっと距離が開きます。開くほうがいいのです。しかし、休み時間になり、運動場で遊ぶときには、呼び捨てにしたり、あだ名で呼んだりして、子どもとの距離を縮めるのです。

STEP 3

5段階で
トラブルを解決する

トラブルを通して成長する

　子どもたちの間では、必ずトラブルは起きます。ちょっとしたいさかいは、毎日のように起こります。普通は関係者を呼んで、話を聞いて解決していけばいいのですが、そのときに、心がけなくてはならないのは、次のこと。

> 子どもたちはトラブルを通して成長していく。

　だから、トラブルを避けるのではなく、いかに解決していくかに力を注がなくてはなりません。ところが、いじめなどの大きなトラブルのときには、そうはいきません。対応を誤れば、問題の解決どころか、さらに問題を増幅していく恐れがあります。

トラブル解決には、5段階のステップを踏む

第1段階　トラブルの関係者を別々に呼ぶこと

　トラブルの関係者を一緒に呼んだりしてはいけません。強者が強く主張して、弱者を黙らせてしまいます。弱者は、自分のことを話せなくなります。だから、**大きなトラブルが起こったときは、関係者を別々に呼ばなくてはならないのです。**

第2段階　最初にきちんと正直に言うことを決める

　子どもは怒られないようにしようとうそをつきます。子どもにはよくあることなのです。なので、子どもを呼んだら、最初にこう話しておくと素直に心を開くようになります。

　「最初にうそをつくと、次から次へとうそをつかなくてはならないよ。それは、大変です。いずれわかりますから。やったことはやったと、正直に言ったほうがいいです。子どもは、間違ったことをやってしまうことがあるからです。先生は、あなたが正直に言ってくれることを信じています」と。

第3段階　理由を問わず、状況を問う

　子どもの話を聞き出しながら、ついついカッとなって「どうしてそんなことをしたの？」と問い詰めてしまうことがよく起こります。注意しましょう。**それよりも、いつ、どこで、誰と誰が、どのような理由でトラブルになったのかをくわしく聞き出すことです。**

第4段階　同情や理解を示す

　話をよく聞きながら、共感を示し、理解を示す必要があります。子どもたちは、どの子でも、自分なりの言い分を持っているからです。「〇〇くんがそこで怒ったのはよくわかるよ」と同情を示してあげるのも、教師への信頼を増していくことにつながります。

第5段階　ケンカ両成敗で終わる

　ほとんどのトラブルは、加害者がいて、被害者がいるというパターンが多いのです。でも、あえてここはケンカ両成敗にしておくことです。「あなたが、謝らなければならないことはないですか？」と問うと、双方とも問題はあるのです。そこで、謝ることを確認して、ここで初めて双方を呼び、双方に謝らせていくこと。これが大切です。

　これをやっていけば、教師のいないところで弱者がいじめられる事態がなくなります。

STEP 4

いじめを防ぐ とっておきの方法！

いじめは必ず起こる！

　いじめは、どんなクラスでも必ず起こります。そう思っていていいのです。クラスが荒れてくると、いっそう深刻ないじめが起こります。

　そのいじめに対して、最初から「いじめは許さない！」という担任の心意気を示しておくことは、いじめへのブレーキになります。

　それは、このように実践します。

いじめ防止の4ステップ

　クラスが少し軌道に乗ってきた頃に、子どもたちを教卓のまわりに集めて、「今日は、これからこの本を読みます」と言って読み始めます。

①絵本『わたしのいもうと』(松谷みよ子文、偕成社)を読む

　この本は、実話です。松谷みよ子さんのところへ届いた手紙をもとに書かれています。転校先で、主人公の妹はいじめにあい、登校できなくなり、そして最後には亡くなってしまうという話です。

　静かに読んであげます。子どもたちは、シーンとなります。そこで「自分の机に戻ります！」と言って考える時間をつくります。

②一人ずつ作文を書く

　教師は話します。「悲しいお話です。このお話は、本当にあったことです。この絵本を書いた松谷みよ子さんのところに、『私の妹の話を聞いてください』という手紙がきたのです。その話を松谷さんは、このような絵本にしました。皆さんは、この話を聞いて、どう思いましたか？」

　そして、5分程度時間を取り、作文を書かせます。

　作文を書き終わったら、付け加えます。

　「いじめは、こんなに悲しい結末になってしまうこともあるのです。いじめをした人たちは、もうまったく覚えていないことでしょうが、いじめられた人は、こんなに悲しくて、悲しい気持ちを抱えていきます」

③「今までいじめをやった人？」と聞く

　机に顔を伏せさせて聞きます。

　「正直に手を挙げます。今までちょっとでもいじめをしたことがあるなと思う人、手を挙げます。（手を挙げたら）とても正直で、勇気があって良いですね。その人に言います。もう二度といじめをやめなさい。こんな悲しいことにならないように、絶対にいじめをやってはいけません」

④いじめは絶対に許さないことを宣言する

　机から顔を上げさせ、「先生は、絶対にいじめを許しません。また、小さないじめも必ず見つけ出します」と、最後に話をします。

　いじめを見つけていく方法の1つは、休み時間などにひとりぼっちになっている子どもに注目しておくこと。だから、時々は、休み時間に教室にいて、ひとりぼっちになっている子どもがいないかどうかを気にしておきます。

　繰り返しますが、いじめは必ず起きることを想定しておくべきです。

STEP 5

問題がある子どもへの対応

自分で何とかすると考えない

　学級崩壊になる初任の先生は、クラスにいる超やんちゃな２、３人への対応で失敗をしています。

　それは、その子どもたちの中に、発達障害の子どもがいる恐れがあるからです。クラスには、必ず数人の発達障害の子どもがいることを想定しなければなりません。その子についてよく知らないこと、対応のノウハウを心得ていないことなどが問題になります。

　しかし、初任の先生は決まって「自分で何とかする！」とがんばりすぎてしまうことが多いのです。それでは、自分が苦しくなってしまう一方で、うまくいきません。

問題がある子どもへの対応

　初任の先生が、問題がある子どもへ対応できることは限られています。それは問題がある子どもを無理やり何とかしようとしないことです。

　問題がある子どもはクラスでちょろちょろしたり、おしゃべりしたり、とにかく目立っています。しかし、落ち着いてやれることだけをやりましょう。初任者が最低限できることは、以下のようなことです。

- クラスのルール破りや他の子どもへの勉強の邪魔などについてはきちんと叱る。しかし、注意や叱りでは、その子どもと通じ合うことはできない。かえって反発をする。だから、過剰な叱りは控えなければいけない。

叱ること以外にもどんなことが具体的にできるのかと言えば、次のようなことです。

①今までできなかったことやがんばったことを即座にほめてあげること。「〇〇さん、本を読むのがうまくなったね！」
②クラスのみんなに、それをそれとなく紹介してあげること。「〇〇さんは、こんなに本を読むのがうまくなってますよ！」

最初に取るべき基本的なスタンス

初任の先生が最初に取るべき基本的なスタンスは、次のようなことです。

①**全体の「学級づくり」を優先して、まず「学級」を整える、まとめることが第1である。個々の子どもへの対応ではなく、全体の子ども対応である。**
②**「みんな」がやっていることに「個々」の子どもを引き込んでいくという発想。**
③**それがうまくできない「問題のある子ども」は、すぐに学年主任、管理職に伝え、相談すること。**

第5章

新任だからできる保護者とのかかわり方

STEP 1

日頃の電話＆連絡帳で保護者を味方に！

保護者が教師に期待すること

　初任の先生の最大の課題が、保護者との信頼関係づくりになります。今までまったく経験がない未知の課題なので、とても不安になることでしょう。初任の先生は、保護者と会ったら、ついついおどおどした態度をとってしまいます。

　その様子で、保護者はますます初任の先生に対して不安になります。「この先生がうちの子の担任で、本当に大丈夫だろうか……」と。

　このようにならないために、まず保護者が初任の先生に対して抱く「判断の基準」を知っておきましょう。

①「先生」としてちゃんとクラスの子どもたちを指導してくれるだろうか。
②きちんと勉強を教えてくれるだろうか。
③「わが子」に対して、きちんと対応してくれるだろうか。

　この３つにしっかり応えていけば、信頼関係が築け、クレームは少なくなります。

　①に対しては、「学級づくり」がうまくできるかどうかにかかっています（第５章６でくわしく紹介します）。

　②に対しては、授業の問題になります。

とくに、最初の授業参観が大切です。保護者は、担任が初任の先生だと聞いて、こぞって参観します。授業の様子を知りたいのです。この授業参観でうまく授業ができれば、保護者は安心します（第5章2でくわしく紹介します）。
　③が、一番のポイントになります。
　保護者は、「わが子」が担任から大切にされるかどうかが最大の関心事なのです。

「わが子」のことをどう伝えるか？

　担任の先生が「わが子」に対して、ちゃんと目を向けてくれていることがわかれば、保護者はとても安心します。
　そのための布石を、どのように打っていけるかが大きなポイントです。それは、2つあります。

「〇〇さん情報」と「よいこと」電話

　まず、保護者から来る連絡帳があります。それに対して、事務的な連絡だけではなくて、「最近、〇〇さんは、これをがんばっています」などの**「〇〇さん情報」**を付け加えることです。そのことで、「先生は、わが子のがんばっているところを見ていてくれる！」となるのです。
　また、**「よいこと」電話**をするのです。
　「今日、〇〇さんが初めて鉄棒の逆上がりができました。うれしくて電話をしてしまいました。家でもほめてあげてください」と。
　普通、学校からの電話は、悪い知らせです。ケガ、トラブル、忘れ物など。ところが、「よいこと」の連絡は、保護者にとって思わぬことで、一気に担任への信頼が増します。「先生はうちの子をこんなに見ていてくれる」と保護者は安心することができます。

STEP 2

最初の授業参観が保護者との関係を決める

担任として頼りがいのある先生だろうか?

　最初の授業参観が、保護者との関係をつくる大きなポイントになります。学期が始まってすぐのことです。

　初任の先生にとって、夢中で授業をしているときに、このときがきます。保護者は、こぞってやってきます。他のクラスよりも多いのです。

　担任の先生のことを知りたいのです。知りたい内容については、第5章1に書きました。

　保護者は初任の先生だということは理解しているので、多くを期待はしません。では、何を知りたいのでしょう。それは次のことになります。

> **担任として頼りがいのある先生だろうか?**

　子どもたちをきちんと先生として指導をしてくれる担任かどうかという1点について知りたいのです。

　初任の先生はそれに応えなければならないのです。

　さて、どんな授業をしていけばいいのか、それが試されます。

頼りがいのある先生とは?

　楽しく、おもしろい授業はなかなかできません。始まったばかりなの

で、授業の技量もないのです。そんな期待をかけることはできません。
　保護者が頼りがいのある先生と判断できるのは、授業の内容などではなく、その振る舞い方なのです。それは次の3つのことになります。

> ①堂々としている。
> ②はっきりした声である。
> ③笑顔を見せている。

　③がとくに難しい。家で鏡を見ながら、繰り返し練習しなくてはなりません。子どもたちの前で、笑顔で授業ができるようになれれば、それは最も大切な条件をクリアしたことになります。
　子どもたちは、楽しそうにしている先生が大好きです。その笑顔でとても安心できる気持ちになるからです。

全員参加の授業をする！

　もう1つ、これができれば最高の授業参観にすることができます。

> 全員参加の授業にする。

　クラス全員を授業に参加させるのです。
　クラス全員の子どもたちに一言だけでも発表させたり、ペアで話し合いをさせたり、ノートに書かせたりできたらいいでしょう。先生のほうからどんどん指名をして、発表させるのもいいです。
　全員の子どもたちが、授業に参加できる場を積極的につくり上げるのです。

STEP 3

挫折しない
学級通信の続け方

▲▲▲▲▲▲▲▲▲▲▲

なぜ、学級通信を出すのか？

　初任者指導の先生から「学級通信を出しなさい」と言われても、その理由が分からないままだと、出し続けていくのはなかなか難しいと言えます。なぜ、学級通信を出すのでしょうか？

学級の現在をリアルタイムで伝えるため。

　保護者は、「わが子」の学級がどうなっているのかを知りたいと強く願っています。つまり、それを伝えてくれる担任への信頼は、絶大なものになります。

　わが子が、どんな勉強をしているのか、どんな活動をしているのか、どんなうれしいことがクラスであったのか……、そのようなことを学級通信はリアルタイムで知らせてくれるのです。こんなに読み応えのあるものはありません。

　だから、単に行事の紹介や学習予定のお知らせだけで終わらせないようにしたいものです。

　では、週に１回のペースで続けられるようにするにはどうしたらよいのでしょうか。

続けられる学級通信の条件

続けられる学級通信には、以下のような条件が必要です。

> ①レイアウトに凝らないこと。
> ②学級の現在を伝えること。
> ③見出しだけは、惹きつけるものにすること。

①ですが、レイアウトに凝ると、毎回仕上げるのに時間がかかることになります。きちんと枠をつくり、そこに内容を埋めていくだけでいいのです。

②の内容ですが、行事予定や学習予定だけになれば、読者にとってつまらない読み物になってしまいます。できるだけ「学級の現在」を伝えること。

そのために、③の見出しで惹きつけていきます。読んでもらえなければ意味がないので、見出しだけは工夫する必要があります。

子どもたちの思い出にする

学級通信で注意するのは、名前です。

実名を出す場合には、とくに注意が必要です。同じ子どもの名前ばかりが登場するのは問題です。学級通信を読む保護者は、このことに敏感だからです。

私の場合、学級通信を発行したら、必ずチェックするようにしていました。教室の机のそばに、学級名簿を貼っておき、そこに丸を付けていくようにするのです。これは、名前が偏らないようにするためです。

お薦めは、2倍に印刷しておいて、学期末にファイルに綴じ込んで1冊にして、子どもたちの思い出にしていくことです。

この学級通信を宝物にしている子どもたちが何人も出てきます。ぜひやってみてください。

STEP 4

どの親もわが子が一番

保護者は、わが子だけを見ている！

　初任のときには、とても気づけないことがあります。
　それは、授業参観のときの保護者の顔が、ただわが子の一点に集中していることです。初任のときには、授業を教えることに夢中で、そんな保護者の視線まで見る余裕はありません。
　私が初任のときは、毎月授業参観がありました。あるとき、後ろで参観していた１人のお母さんが、つかつかと前に出てきて、男の子の頭をなぐりつけました。その子は、いきなりだったのでびっくりして「ギャー！」と泣き出しました。
　私はどうしていいものか、呆然となった思い出があります。もちろん、なぐったのは、わが子だったのです。お母さんは、その子がずっと手いたずらをしていたことに、抑えていた我慢が爆発したのでした。
　その後、その事態をどのように収拾していったのか、ほとんど記憶がありません。その衝撃的なシーンだけを鮮明に覚えているだけです。
　そのときに気づいたのは、次のようなことでした。

> **保護者は、わが子だけを見ているのだ！**

子どもには、内向きの顔と外向きの顔がある

　担任が、授業参観で保護者に期待するのは、クラス全体を見てほしいということです。

　30年、40年前は、そのようにクラス全体を見ている保護者もいました。その中で、わが子がどのように振る舞っているのかを見るのです。

　この保護者たちは、わが子の見せる顔が、家庭と学校では違うということをわかっていました。家庭では、親に甘えたり、言いたいことを言ったりする、**内向きのわがままな顔**を見せます。

　しかし、学校へ行くと、まったく違う顔を見せるのです。**外向きの顔**。家庭とは違って、思っているよりもしっかりと振る舞っている姿に気づくことがあります。**その内向きの顔も外向きの顔も、2つとも、その子の顔なのです。**

　この違いがあることに気づいている保護者がいたのです。だから、クラス全体の中で、わが子がどのように振る舞っているのかを見て、わが子をどのように育てていくかを判断していたのです。こういう保護者が今はほとんどいなくなってしまいました。

　もちろん、わが子が一番という気持ちに保護者がなるのは、自然で当たり前のことです。

　しかし、そのわが子の、「家庭で見せる顔」と「学校で見せる顔」には違いがあるということも事実なのです。担任は、このことをきちんと認識しておかなければなりません。

　そのためにこそ、担任は、「学校で見せる顔」をきちんと保護者に知らせていく必要があるのです。

　「○○さんは、家では、甘えた仕草をするということですが、学校では、みんなを引っ張っていくリーダー性があるのですよ」

　「○○さんは、家庭では叱られることばかりすると言われますが、学校では、こうして頑張っているのですよ」

STEP 5

モンスターペアレントにさせない関係づくり

モンスターペアレントになる原因は1つだけ

　「モンスターペアレント」という言葉が出てきて、もう長いことになります。クラス担任に苦情、難癖を突きつけ、正常な学習状態が維持できないほどに混乱させる保護者の存在です。

　今では、クラスには1人か2人の保護者が、こういう「モンペ」（モンスターペアレントの略称）になっていく場合が往々にしてあるのです。私は何人ものそのような保護者を見てきましたし、私のクラスにもいました。その原因は、1つだけ。

> わが子に困ったことが起こった！

　結局「わが子」なのです。わが子に、トラブルなどが起こり、それが許せなくて、担任を責め立てるのです。

モンスターペアレントになるかどうかは対応で決まる

　初任の先生は、こういうクレームが必ずあることを覚悟しなければなりません。しかし、その保護者が「モンペ」になるかどうかは、対応の是非で決まります。ていねいな対応が求められます。

　怒っている保護者は、ほとんどがわが子の言い分をそのまま鵜呑みに

してしまっています。だから、ていねいな説明でそれを解きほぐしていけば解決できるのです。

クレーム対応で一番失敗しやすいのは、保護者の怒りがピークにあるときに、教師が自己主張をしてしまうことにあります。クレームについては、このように対応します。

> ①まず、保護者の話をよく聞く。
> ②「おっしゃることはよくわかりました。お気持ちは十分理解しました」と謝罪をする。
> ③保護者が冷静になってから、「実は……」とこちらの言い分を伝える。

学校への苦情は、ほとんどが電話です。学校へ来てもらえるというのはまれです。しかし、電話だけで済ませてはいけません。こちらから家庭訪問をするか、「申し訳ありません。学校へ来ていただけるお時間はありませんか」と連絡をして、面と向かって話し合うことです。

まず、話をよく聞くことに尽きます。そして、「おっしゃることはよくわかりました」と心から同意を示すことです。

すると、だんだん保護者の怒りは収まってきます。話をしているうちに保護者も冷静になってきます。そのときに、「私は、こういう事実がありましたので、このように指導しました。ちょっと行き違いがあったのかもしれません。もう一度よく話を聞いてきちんと指導します。〇〇くんには、もう一度確認していただけませんか」と。

ほとんどの保護者がわが子の言うことを鵜呑みにしてしまいがちです。それを直接伝えるのではなく、こうして少しずつ解決しながら伝えていくのです。

STEP 6

学級経営をうまく行うのが最大の保護者対応

▲▲▲▲▲▲▲▲▲▲▲▲▲▲▲

最高の保護者対応とは？

第5章で繰り返し伝えてきたことは、次の1点についてです。

> 保護者はわが子だけを見ている。

初任の先生は、保護者対応がもっとも苦手です。
その対応への最高の一手は、次のことに尽きます。

> 学級経営をしっかり行うこと。

保護者は、「わが子」がクラスでうまく振る舞っていければ、担任に苦情を突きつけることはありません。「わが子」が、担任に認められていて、「先生が好き！」と言ってくれていれば、もめごとを起こす必要はないのです。

そのための条件は、クラスで「もめごと」がしょっちゅう起こる状態をつくらないことになります。学級がうまく軌道に乗れば、「もめごと」が少なくなります。子どもの世界から「もめごと」をなくすことはできませんが、少なくすることはできます。

それは、学級経営をうまく行うことに尽きるのです。

最初はとにかく「学級づくり」に力を注ごう！

　「学級経営をうまく行う」ためにどうするかは、第2章に書きました。学級経営のもとは、「学級づくり」になります。
　これについては、繰り返しになりますが、もう一度強調しておきます。それは、初任の先生のほとんどが同じような失敗を繰り返しているからです。
　初任の先生たちは、学級づくりこそが今後の学級の決め手になることをわかっていません。しかし、

> 最初の「学級づくり」が勝負なのだ！

　これは、教員養成の大学では教えてもらえません。
　初任の先生は、とにかく授業を何とかすればいいと思っています。だから、「授業、授業！」と授業中心に動き回りますが、うまくいきません。
　これは、20年、30年昔の時代に求められていたことだからです。
　今は、最初に「学級づくり」をして土台をつくることでしか、うまく学級を軌道に乗せていく方法はありません。
　「子どもたちとどのように関係づくりをするか」「学級の仕組みをどのようにつくるか」などの「学級づくり」が、今は強く求められています。これを最初にやらなければ、学級はうまく回りません。これは、すぐれた中堅やベテランの先生たちが、もうすでに今の時代に必要な学級づくりに気づき、そのような対応をやっています。
　初任の先生たちにも、ぜひともこれを学んでほしいのです。

おわりに

　今、初任の先生の学級が、数多く崩壊しています。
　その崩壊していくパターンは、ほぼ似通っています。

> ①最初、2、3人のやんちゃな子どもが目立っています。
> ②そのやんちゃな子どもたちが、だんだんルール破りや、もめごとを多く起こしていきます。
> ③今までやさしく接していましたが、そうはいかなくなります。しょっちゅう叱り始めるようになります。
> ④2、3人のやんちゃな子どもたちは、反発してきます。「うるせ～～」「消えろ～～」と暴言を吐きます。
> ⑤2、3人のやんちゃな子どもたちと、行動を共にする子どもたちが出てきて、6月頃には、7、8人に増えています。
> ⑥クラスが毎日騒々しくなり、あちらこちらでもめごとが勃発して、その収拾で大変になります。
> ⑦もはや、授業がまともに行えなくなります。

　「はじめに」にも書いた初任の先生の学級が、まさにこのようなパターンででき上がってしまったと考えられます。先生は、すっかり自信をなくし、「私は、教師に向いていないんだ……」と思うようになります。

　あれほど「教師になりたい！」と夢や希望を持っていたのに、もうすっかりそんな気持ちがなくなっています。
　そして、やめていくという事態がやってきます。
　そんな初任の先生が、たくさんいるのです。

　教師に向いていない人は、確かにいます。
　その人は、「人間嫌い」な人です。

その人は、そもそも教師に向いていません。
　毎日、子ども相手に仕事をするのですから、人間嫌いな人は、それに耐えられません。
　でも、教師になろうと決意して、大学で教職免許を取得してきた人が、人間嫌いなはずはありません。

　この本を読んできた人は、「教師に向いていない」のではなく、違うところに原因があることにすでに気づいてもらえたはずです。

やり方がまちがっていただけなのです！

　原理・原則は、シンプルです。
　まず最初に、学級をつくり、その上に授業を乗せていくという筋道です。そのプロセスで、子どもたちと関係をつくっていけばいいのです。
　これを実践した初任の先生で、みごとに学級を成立させ、1年目を乗り切っていった先生たちをいっぱい知っています。

　授業がとびきり上手だったわけではありません。初任の先生で、最初からそんなに授業が上手な先生はいません。それよりも、子どもたちと心のつながりを大切にして、精一杯のかかわりをしたのです。子どもたちはそんな初任の先生を支え、先生についていきました。
　初任の先生には確かに厳しい時代がやってきていますが、やり方さえ間違わなければ、十分に学級を成立させていくことは可能です。
　「がんばってほしい！」とエールを送りたいのです。

　今回のこの本は、ほとんどを編集の河野さんとの共同作業という形で進みました。丁寧に校正してもらい、私の悪文もとても読みやすい文章に変わりました。感謝、感謝。ありがとうございました。

野中　信行

著者紹介

野中　信行 (のなか・のぶゆき)

元横浜市立小学校教諭。初任者指導アドバイザー。
1971年佐賀大学教育学部卒業後、横浜市で37年間教師生活をおくる。
2008年定年退職。退職後、3年間初任者指導にあたる。
現在は、各地の教育委員会と連携して初任者指導などを担当している。

著書
○新卒教師シリーズとして、
　『新卒教師時代を生き抜く心得術60』（明治図書）
　『新卒教師時代を生き抜く学級づくり3原則』（明治図書）
　『新卒教師時代を生き抜く初任者1ヶ月の成功シナリオ』（明治図書）
　『新卒教師時代を生き抜く365日の戦略　担任ビギナーズの
　　学級づくり・授業づくり（小学1年〜6年）』（明治図書）　など

○学級経営シリーズとして、
　『学級経営力を高める3・7・30の法則』（学事出版）
　『必ずクラスを立て直す教師の回復術！』（学陽書房）　など

○「味噌汁・ご飯」授業シリーズとして、
　『日々のクラスが豊かになる「味噌汁・ご飯」授業　国語科・算数科編』
　　（明治図書）　など

新卒時代を乗り切る！　教師1年目の教科書

2019年3月12日　初版発行
2024年2月7日　8刷発行

著　者──── 野中　信行
発行者──── 佐久間重嘉
発行所──── 学　陽　書　房
　　　　　　〒102-0072　東京都千代田区飯田橋1-9-3
営業部　　　TEL 03-3261-1111／FAX 03-5211-3300
編集部　　　TEL 03-3261-1112
　　　　　　http://www.gakuyo.co.jp/

ブックデザイン／八木孝枝
本文DTP制作／越海辰夫
印刷・製本／三省堂印刷

© Nobuyuki Nonaka 2019, Printed in Japan.　ISBN978-4-313-65368-9 C0037
※乱丁・落丁本は、送料小社負担にてお取替え致します。

JCOPY 〈出版者著作権管理機構　委託出版物〉
本書の無断複製は著作権法上での例外を除き禁じられています。複製される場合は、そのつど事前に出版者著作権管理機構（電話 03-5244-5088、FAX03-5244-5089、e-mail: info@jcopy.or.jp）の許諾を得てください。

ここだけはおさえたい！
教師1年目の授業づくり

野中信行［編著］

A5判並製　136頁　定価2,090円（10％税込）

1番最初の授業では何をやればいいのか？　まず子どもたちに教えたい学習ルールとは？　どんなふうに板書をまとめればいいのか？　教師は教室のどこにいればいいのか？　正しい立ち位置とは？　1年目の教師でもできる「授業づくり」の方法がこの1冊でよくわかる！